Un
papá
conforme
al corazón
de Dios

Libros de Jim George publicados por Portavoz

Un papá conforme al corazón de Dios

JIM GEORGE

EDITORIAL
PORTAVOZ

Título del original: *A Dad After God's Own Heart,* © 2014 por Jim George y publicado por Harvest House Publishers, Eugene, Oregon 97402. Traducido con permiso.

Edición en castellano: *Un papá conforme al corazón de Dios,* © 2015 por Editorial Portavoz, filial de Kregel Publications, Grand Rapids, Michigan 49505. Todos los derechos reservados.

EDITORIAL PORTAVOZ
2450 Oak Industrial Drive NE
Grand Rapids, MI 49505 USA
Visítenos en: www.portavoz.com

ISBN 978-0-8254-5627-5 (rústica)
ISBN 978-0-8254-6440-9 (Kindle)
ISBN 978-0-8254-8577-0 (epub)

1 2 3 4 5 edición / año 24 23 22 21 20 19 18 17 16 15

Impreso en los Estados Unidos de América
Printed in the United States of America

Este libro está dedicado a los papás en todo el mundo
que están haciendo todo lo mejor que saben con la ayuda de Dios
para ser los mejores padres que puedan ser.
Entre ellos están incluidos especialmente mis dos yernos,
Paul Seitz y Paul Zaengle,
que están instruyendo fielmente a mis ocho nietos
en los caminos del Señor.

Contenido

Desde el corazón de un papá

Estimado papá:

¡Al fin! Después de haber escrito libros sobre ser un *hombre* conforme al corazón de Dios y un *esposo* conforme al corazón de Dios, por fin he escrito uno sobre cómo ser un *papá* conforme al corazón de Dios. Y quiero decirte con sinceridad que no lo escribí porque yo sea un experto en crianza de hijos o porque siempre haya tenido éxito como padre. En realidad, *tratar* de ser un buen papá es donde comenzó mi camino para llegar a serlo de verdad.

Un día, a los 30 años, me desperté, miré a mis dos hijas pequeñas de apenas un año de diferencia en edad, y me di cuenta de que no tenía ni idea de lo que significaba ser un papá conforme al corazón de Dios. Afortunadamente, en esa época, había empezado a leer mi Biblia y comencé a saber qué se requería de un padre.

Luego encontré varios hombres en mi iglesia dispuestos a ayudarme a entender y cumplir con mi papel como papá. Después de varias décadas de crecimiento espiritual, escribí los dos libros que he mencionado hace un momento, uno para hombres y otro para los maridos. Incluso escribí libros sobre las prioridades para niños y para adolescentes.[1] Pero me quedé indeciso en cuanto a escribir uno sobre ser papá. Sabes, todavía estaba por verse si yo había sido un buen padre para mis hijas. ¿Fueron mis esfuerzos fructíferos? ¿Estaban mis hijas ya mayores caminando con el Señor y criando a sus propios hijos en el amor y temor de Dios?

Finalmente, después de ver a mis propias hijas manteniéndose espiritualmente fuertes, caminando con el Señor, y encaminando a sus ocho hijos hacia Dios, sentí que había llegado el momento de escribir acerca de ser un padre conforme al corazón de Dios.

---

1. *A Boy After God's Own* Heart (Eugene, OR: Harvest House, 2012), solo en inglés, y *Un joven conforme al corazón de Dios* (Grand Rapids, MI: Editorial Portavoz, 2010).

Mi amigo y compañero papá, han pasado 30 años desde que recibí mi llamada de atención acerca de mis responsabilidades dadas por Dios para mis dos hijas. Fueron 30 años de aprendizaje sobre cómo podría hacer mi mejor esfuerzo para aplicar los principios de Dios para los padres, 30 años de ferviente oración, y 30 años de descubrir lo que se requiere para ser un padre conforme al corazón de Dios.

Ser un papá conforme al corazón de Dios…

…requiere tiempo. ¿Cuánto tiempo se necesita para que una bellota se convierta en un roble alto y robusto? ¡Años! ¡En realidad, décadas! La crianza de los hijos requiere tiempo diario durante toda la vida. La enseñanza y la formación diarias deben ser continuas y con un propósito según inviertes tu vida en criar a tus hijos conforme al corazón de Dios.

…requiere dedicación personal. La formación más eficaz viene con una estrecha relación entre padre e hijo. Habrá poco impacto si no hay contacto. El discipulado requiere la implicación personal. Cuanto más cercana sea tu relación con tu hijo, tanto más eficaz será la formación y mayor será el impacto.

…requiere perseverancia. No hay soluciones rápidas cuando se trata de ser la clase de padre que Dios espera. No existe una serie de soluciones a corto plazo para la crianza de los hijos; la función de papá es una relación multifacética que dura toda la vida.

…requiere concentración. La crianza eficaz no es un compromiso informal. Se necesita ser un padre fiel, que se somete a sí mismo a las instrucciones de Dios, y que busca activamente formar a sus hijos de acuerdo a los principios bíblicos.

…requiere planificación. El éxito no sucede por sí solo. O bien te planteas el objetivo de ser un buen padre y tratas de alcanzarlo, o los resultados pueden ser impredecibles. Si no planeas un camino para que tus hijos caminen por él, otros estarán encantados de tomar el control de sus mentes y futuros.

…requiere esfuerzo de equipo. Ser padres es una tarea de equipo. Si estás casado, tu esposa, la madre de tus hijos, es el primer y mejor recurso que tienes para ayudarte en tu deseo de ser un papá sólido y proactivo. Además de tu esposa, tienes tu iglesia, los líderes de jóvenes en tu iglesia, y tal vez unos abuelos cristianos. Permíteles que te ayuden, pero date cuenta de que, en última instancia, *tú* eres el responsable ante Dios por tus hijos.

…cosecha la más grande de las bendiciones. "He aquí, herencia de Jehová son los hijos… Bienaventurado el hombre que llenó su aljaba de ellos" (Sal. 127:3, 5). Un padre no experimenta "mayor gozo que este, el oír que [sus] hijos andan en la verdad" (3 Jn. 4).

Este libro no es la respuesta final a todos tus problemas o dificultades en la crianza de los hijos. En realidad es más una guía para *ti* a medida que te conviertes en un hombre espiritualmente maduro y que te preparas para ser un modelo de las verdades espirituales para tus hijos. Para ayudarte con esas metas, al final de este libro encontrarás una programación diaria de lectura de la Biblia y una breve guía titulada "Cómo estudiar la Biblia". También he incluido preguntas de estudio para ayudarte a profundizar en tu papel de padre. Puedes hacer esto en tu tiempo de quietud o con algunos otros papás o en un grupo de estudio para hombres.

Papá, tú puedes hacerlo. Puedes llegar a ser un papá conforme al corazón de Dios. ¿Cómo puedo decir eso? Porque "todas las cosas que pertenecen a la vida y a la piedad nos han sido dadas por su divino poder" (2 P. 1:3). Dios estará contigo hasta el final, te dará la sabiduría que es de lo alto, la fortaleza que te permite hacer todas las cosas (inclusive ser un gran papá), y un amor por tus hijos que no conoce límites. Quedo orando por ti.

Tuyo en el Maestro,

Jim George

Un papá que tiene
un modelo divino

Gracia y paz a vosotros, de Dios nuestro Padre.

1 Corintios 1:3

No podemos darnos el lujo de olvidar que enseñamos a nuestros hijos a llamar Padre a Dios, y que la única concepción de paternidad que ellos pueden tener es la concepción que nosotros les damos. La paternidad humana debe ser moldeada y modelada en el patrón de la paternidad de Dios. El tremendo deber del padre humano es el de ser tan buen padre como Dios.[1]

William Barclay

Greg había adoptado una postura que no era familiar en él: estaba de rodillas. Acababa de llegar del hospital, donde había presenciado el nacimiento de su primer hijo, una niña a la que él y su esposa habían puesto el nombre de Mary Lou. La razón de que incluyeran *Mary* en su nombre fue que su esposa, Margaret, tuvo una hermana pequeña con ese nombre; pero para su pesar, esa hermana había muerto de cáncer a una edad temprana.

Ahora, después del nacimiento y de la inicial celebración, Greg había llegado a casa tambaleándose y sintiéndose muy cansado. Había dormido muy pocas horas, y tenía la esperanza de conseguir

---

1. William Barclay, como se cita en Albert M. Wells, Jr., ed., *Inspiring Quotations, Contemporary and Classical* (Nashville, TN: Thomas Nelson, 1988), p. 71.

descansar un poco antes de volver al hospital. Por la forma en que se estaba sintiendo, habrías pensado que era él el que había estado de parto durante todas esas horas. Tal vez fue la falta de sueño, o el impacto de ver a esa pequeñita vida, pero fuera lo que fuera, Greg estaba abrumado por la perspectiva de ser un nuevo papá. Solo ahora, después de los meses de anticipación, Greg estaba sintiendo la seriedad de su nuevo papel y responsabilidad. ¡Era un papá!

Así, mientras estaba arrodillado con los brazos descansando sobre una silla de la cocina, Greg oró: "Señor, no tengo ni idea de lo que significa ser un padre, un papá, de la pequeña Mary Lou. Necesito ayuda. Por favor, guíame a cada paso del camino según yo me responsabilizo de mi nuevo papel". Entonces Greg continuó orando por la vida de la pequeña Mary Lou, desde la infancia hasta su matrimonio.

Cuando Greg se levantó, sintió como si una mano celestial tranquilizadora descansara sobre su hombro. Él creía que su oración había sido escuchada y que Dios sería fiel en darle la sabiduría que necesitaba para ser un buen padre.

Greg sintió que acababa de entrar en un pacto con Dios. Si él era fiel en hacer su parte, sabía que Dios estaría allí para guiarlo a través del proceso de convertirse en un padre conforme al corazón de Dios.

Como un nuevo papá, Greg estaba preocupado acerca de cómo ser un buen padre. Estaba operando en un vacío. No tenía buenos modelos a seguir. Su padre había muerto en un accidente de auto cuando él tenía siete años, y su madre había tomado continuamente decisiones equivocadas con los hombres con los que se había casado desde entonces. De las acciones y actitudes exhibidas por esos hombres, a Greg no se le ocurría casi ninguna que pudiera ser de ayuda en la crianza de la pequeña Mary Lou. Se estremeció al pensar en qué habría pasado si Jesús no hubiera entrado en su vida y no lo hubiera transformado en un hijo de Dios.

¿Por qué es que para muchos de nosotros hace falta un gran suceso que sirva de llamada de atención para el crecimiento espiritual? Para Greg fue la responsabilidad de un primer hijo.

Para otros, puede ser la muerte de alguien cercano, o un divorcio o una condición de discapacidad. Greg recibió su llamada de atención, y gracias a Dios, ha comenzado a pensar en la dirección correcta. Pero ¿cómo? ¿Cómo (y dónde) va a encontrar él un modelo de cómo debe ser un padre y cómo actuar?

El impacto de un modelo a seguir

Los efectos de la crianza de los padres (para nuestro propósito, un papá) durante casi 20 años dejan una impresión duradera en el niño, la cual no siempre es visible, pero los resultados se mostrarán en algún momento en el futuro. Si el papá tuvo un problema de enojo, ¿adivina qué? Sus hijos tendrán problemas para controlar su enojo. Si el papá maltrató a sus hijos, ¿adivina qué? Lo más probable es que la próxima generación de mamás y papás traten a sus propios hijos de la misma manera. O, como una reacción exagerada, pueden ir al otro extremo evitando por completo todo tipo de disciplina.

Incluso en la Biblia no encontramos una gran cantidad de buenos modelos humanos para los papás. Así que permíteme mostrártelo mediante un modelo clásico de conducta negativa de un padre llamado Elí.

En Elí vemos un caso de "de tal padre, tales hijos". Él fue un sacerdote de Israel durante los últimos años de los Jueces (1 S. 2). Como sacerdote, le correspondía tomar una porción de ciertas ofrendas de los fieles israelitas por sus servicios a ellos. Lamentablemente, él abusó de ese privilegio y se llevaba más de lo que le pertenecía. Veamos la acusación de Dios contra Elí:

> Entonces, ¿por qué menosprecian mis sacrificios y ofrendas? ¿Por qué les das más honor a tus hijos que a mí? ¡Pues tú y ellos han engordado con lo mejor de las ofrendas de mi pueblo Israel! (1 S. 2:29, NTV).

¿Te diste cuenta de la conexión entre padre e hijos? Dios lo explicó: "¡Pues tú y ellos han engordado con lo mejor de las ofrendas de mi pueblo Israel!". Elí era culpable de tomar más de lo que le correspondía del sacrificio, lo cual a él le había engordado. Fue culpable de despreciar las ofrendas que el pueblo estaba dando al

Señor. Y ¿adivinas qué pasó? Los hijos de Elí estaban siguiendo en los pasos de su papá (lee 2:12-17).

> Los hijos de Elí eran hombres impíos, y no tenían conocimiento de Jehová. Y era costumbre de los sacerdotes con el pueblo, que cuando alguno ofrecía sacrificio, venía el criado del sacerdote mientras se cocía la carne, trayendo en su mano un garfio de tres dientes, y lo metía en el perol, en la olla, en el caldero o en la marmita; y todo lo que sacaba el garfio, el sacerdote lo tomaba para sí. De esta manera hacían con todo israelita que venía a Silo (vv. 12-14).

Al sacerdote le estaba permitido tomar parte de la ofrenda. Pero los hijos de Elí fueron más allá de lo que estaba prescrito por la ley de Moisés y exigían que les entregaran la carne antes de que los israelitas la prepararan. Si ellos se resistían, los hijos de Elí decían: "No, sino dámela ahora mismo; de otra manera yo la tomaré por la fuerza" (v. 16). Dios no tomó esa conducta a la ligera: "Era, pues, muy grande delante de Jehová el pecado de los jóvenes; porque los hombres menospreciaban las ofrendas de Jehová" (v. 17). Lamentablemente, Elí participaba en ese comportamiento, porque, como dijo Dios: "Y has honrado a tus hijos más que a mí" (1 S. 2:29).

¡Qué pensamiento tan escalofriante es darte cuenta de que tus hijos están observando tu vida, registrando tus actividades y repitiendo tus acciones, ya sean estas buenas o malas! Yo sé por experiencia personal que lo que observé en el comportamiento de mi propio padre sirvió como una influencia positiva y negativa en mi papel como marido y padre. ¡Ser un modelo es verdaderamente una fuerza poderosa!

Dios, nuestro Padre

¿Estás comenzando a entender la importancia de presentar el tipo de modelo correcto para tus hijos? ¿Y te estás preguntando dónde puedes encontrar ese tipo correcto de modelo? Obviamente la Biblia es el primer lugar para buscar. Esperemos que tu entendimiento espiritual sea mucho más adelantado que el de Greg. A diferencia de Greg, puede que tú estés al tanto de lo que dice la Biblia sobre el modelo que tienes en el amor, el cuidado, la generosidad y la guía de tu Padre celestial. La Biblia presenta muchos versículos sobre cuán fuerte y consistente es el modelo que tienes en Dios el Padre. Y tú estás doblemente bendecido si tienes un padre terrenal que también ha proporcionado un modelo constante de la paternidad divina.

Sin embargo, aquellos que no tenemos este tipo de legado al que recurrir, al igual que Greg, nos vemos obligados a mirar a nuestro alrededor en busca de otros que puedan modelar lo que un padre debe ser para sus hijos. Así, pues, ¿por dónde empezamos?

Por supuesto, el primer lugar es la Biblia. Allí encontrarás que Dios es el modelo por excelencia de lo que significa ser un padre.

La Biblia a menudo habla de Dios como "el Padre". Él es llamado "el Padre de nuestro Señor Jesucristo" (Ef. 3:14). Probablemente la más famosa referencia a Dios como Padre la encontramos en la más conocida de las oraciones pronunciadas por Jesús mismo. Jesús comenzó esta oración diciendo: "Padre nuestro que estás en los cielos, santificado sea tu nombre" (Mt. 6:9).

> **Dios es el modelo por excelencia de lo que significa ser un padre.**

Dios el Padre es una persona; por tanto, Él tiene cualidades de carácter a las que los teólogos se refieren como *atributos*. Esos atributos son los que identifican y distinguen quién es Dios como persona.

Algunas de las características de Dios le pertenecen solo a Él, como su infinitud, eternidad, inmutabilidad, omnipresencia, omnisciencia y soberanía. Esas cualidades no pueden ser transmitidas a su creación. Pero otras características, como el amor, la verdad, la santidad, la paciencia y la bondad las podemos encontrar, al menos en un sentido limitado, en el hombre, que fue creado a imagen de Dios. Estas se llaman las cualidades "transmisibles" de Dios, ya que pueden ser expresadas por el hombre. Y espero que tú y yo estemos incluidos como papás.

El Padre de los que creen

Tener a Dios como tu Padre celestial e imitar sus atributos para tus hijos presupone que tú eres su hijo. Como dice el refrán, no puedes dar lo que no tienes.

Estar personalmente relacionado con Dios como tu Padre solo puede venir por medio de poner tu fe y confianza en su Hijo, el Señor Jesucristo. Este tiene que ser el punto de partida en tu búsqueda para ser un papá conforme al corazón de Dios.

Si tú no eres hijo del Padre, va a resultar difícil que puedas manifestar su carácter ante tus hijos. Por supuesto, puedes ser un padre decente incluso sin la ayuda de Dios, pero sin el carácter de Dios morando en ti, no va a ser posible que seas un papá conforme al corazón de Dios.

De modo que si realmente deseas ser un papá según Dios, este es el momento para asegurarte de que tienes acceso al poder de Dios a través de la relación con Él. Para hacer eso, necesitas pensar en tu pecado, porque el pecado es lo que te separa de un Dios santo. El *pecado* es todo aquello que haces que no es conforme a la norma perfecta de la conducta santa de Dios. ¿Has dicho alguna vez una mentira, incluso "una pequeña mentira piadosa"? Según las Escrituras, "cualquiera que guardare toda la ley [de Dios], pero ofendiere en un punto, se hace culpable de todos" (Stg. 2:10). Y en Romanos 3:10, 12, leemos que "no hay justo; ni aun uno… No hay quien haga lo bueno; ni hay ni siquiera uno". Eso se refiere a todos nosotros, pues todos hemos pecado y nos quedamos cortos de lo que Dios pide.

¡Pero hay esperanza! La Biblia nos da instrucciones claras sobre la forma de lidiar con el pecado. Así que si tú eres un nuevo padre como Greg o un veterano experimentado que realmente quiere la ayuda de Dios para la crianza de sus hijos, lee a continuación estos versículos de la Biblia. Forman lo que se llama "el camino de Romanos" hacia una relación con Dios el Padre, porque todos estos versículos están tomados del libro de Romanos. Sigue lo que el apóstol Pablo dice a medida que te lleva por el camino de Romanos hacia la experiencia de salvación por medio de Jesucristo, el Hijo del Padre:

> *Romanos 3:23:* "Por cuanto todos pecaron, y están destituidos de la gloria de Dios".

> "Todos" nacemos con el pecado. Es posible que no quieras admitirlo, pero tienes pecado en tu cora-

zón. Estás bajo el poder controlador del pecado. Sí, puede que hayas hecho algunas cosas buenas en tu vida, pero a menos que seas perfecto, sigues siendo un pecador. El primer paso que tienes que dar es admitir que eres un pecador.

Romanos 6:23a: "Porque la paga del pecado es muerte".

El pecado es un callejón sin salida. Termina en "muerte" espiritual. Todos nos enfrentamos a la muerte física; pero la muerte espiritual es peor porque te separa de Dios por toda la eternidad. La Biblia enseña que hay un lugar llamado el lago de fuego, donde los perdidos serán atormentados para siempre. Es el lugar a donde van las personas que están espiritualmente muertas. Así, pues, el segundo paso es entender que tú te mereces no solo la muerte física, sino también la espiritual por tu pecado.

Romanos 6:23b: "Mas la dádiva de Dios es vida eterna en Cristo Jesús Señor nuestro".

Observa la pequeña palabra "mas" en la línea de arriba. Hay respuesta a tu problema de pecado. La salvación es una "dádiva" gratuita de Dios para ti. No puedes ganar ese regalo; más bien, debes extender la mano y recibirlo. El tercer paso es pedirle a Dios que te perdone y te salve.

Romanos 5:8: "Mas Dios muestra su amor para con nosotros, en que siendo aún pecadores, Cristo murió por nosotros".

Cuando Jesús murió en la cruz, Él pagó el castigo por el pecado. Él pagó el precio por todos los pecados, y cuando cargó con todos los pecados del mundo en la cruz, te compró de la esclavitud del pecado y de la muerte. El único requisito es creer en Jesús y aceptar lo que Él ha hecho por ti. Jesús hizo todo esto porque Él te amaba. El cuarto paso que tienes que dar es entregar tu vida a Dios Padre por medio de Jesucristo, su Hijo.

Romanos 10:9-10: "Si confesares con tu boca que Jesús es el Señor, y creyeres en tu corazón que Dios le levantó de los muertos, serás salvo".

Si tú ya has hecho todo lo anterior, da gracias a Dios y vive para Él. Si has puesto tu fe y confianza en Jesús como tu Salvador, tú eres hijo de Dios, y Dios es tu Padre. Y, como algo extra, puedes ser un modelo sobresaliente de un creyente en Cristo. Esfuérzate por vivir una vida de obediencia a sus mandamientos, y serás un papá conforme al corazón de Dios.

¡Papá, tú puedes hacerlo!

Si eres un papá, eres parte de un club emocionante y exclusivo. Sin importar cómo llegaste a ser padre de tus hijos y sean cuales sean las circunstancias, tú eres su papá. Ser padre es uno de los más grandes privilegios que Dios te concede.

Pero esta función también conlleva la mayor de las responsabilidades. Tus hijos son tuyos y puedes influir en ellos para bien o para mal. Tu ejemplo los marcará de por vida. Tal vez tú necesitas hacer como hizo nuestro amigo Greg: hincarte de rodillas y pedirle a Dios que te dé sabiduría para hacer lo que sea necesario para ser un papá conforme al corazón de Dios. Y aún mejor es hacerlo todos los días.

Pequeños pasos que hacen una gran diferencia

1. *Ama a tu esposa.* El paso más importante que puedes dar como papá es amar a tu esposa. Puede que este no sea el paso más fácil; pero es el que irá más lejos en cuanto a ser un ejemplo del amor de Dios el Padre por sus hijos.

2. *Reafirma en tu corazón que estás en la fe, que estás en Cristo.* Si es así, tú tienes acceso a toda la ayuda que puedas necesitar para ser un papá conforme al corazón de Dios.

3. *Asegúrate de que estás creciendo espiritualmente.* Dios quiere que "[crezcas] en la gracia y conocimiento de nuestro Señor y Salvador Jesucristo" (2 P. 3:18). Debido a que el crecimiento espiritual es un mandato, eso significa que tú tienes que elegir. Si quieres ser un papá conforme al corazón de Dios, tendrás que decidir crecer espiritualmente. Así que aparta un tiempo cada día para dedicarlo a tu Padre celestial.

4. *No pongas excusas por no leer la Biblia.* Entrar en la Palabra de Dios es un paso obvio para todas las cosas espirituales, incluido ser un papá. He escuchado a muchos hombres decir: "Tengo que estar en el trabajo muy temprano", o "No entiendo la Biblia", o "No sé por dónde empezar". No obstante, si hay algo que es verdaderamente importante para ti, encontrarás una manera de encajarlo en tu apretada agenda, y dedicarás tiempo para aprender cómo hacerlo. Un hombre, marido y padre cristiano no solo *necesita* pasar tiempo con Dios todos los días, sino que *debe desearlo.*

Para el hijo, el padre es el representante de Dios;
eso hace que la tarea del padre sea sagrada y seria.
Nosotros, los padres, tenemos que tratar a nuestros hijos
como Dios nos trata a nosotros.²

JOHN DRESCHER

---

2. John Drescher, como se cita en Wells, *Inspiring Quotations,* p. 71.

Un papá que camina en el Espíritu

Digo, pues: Andad en el Espíritu,
y no satisfagáis los deseos de la carne.

GÁLATAS 5:16

Una noche, un padre sin querer oyó que su hijo oraba diciendo:
Querido Dios, hazme a mí la clase hombre que es mi papá.
Más tarde esa noche, el padre oró diciendo: Dios mío, hazme
la clase de hombre que mi hijo quiere que yo sea.

AUTOR DESCONOCIDO

Recordarás que dejamos a Greg reflexionando sobre las posibilidades de encontrar un modelo que sirviera de ejemplo para su vida. Debido a su pequeño nivel de florecimiento en madurez espiritual, Greg no se había dado cuenta de los recursos que ya poseía como cristiano, recursos que podían hacer de él un gran papá. Pero al tiempo que se detenía en el estacionamiento del hospital con su auto lleno de globos para la bebé y chocolates para la esposa, estaba dispuesto a hacer lo que fuera necesario para convertirse en un papá conforme al corazón de Dios. No podía esperar para hablarle a su esposa sobre su avance espiritual. Y cuando lo hizo, ella quedó emocionada por esa chispa recién descubierta de interés espiritual. Mientras hablaban, Margaret sugirió que tal vez uno de los hombres de edad avanzada en la iglesia como Bill Wilson podría darle a Greg alguna orientación.

Al pensar en ello, a Greg le gustó mucho la idea. Sí, su iglesia era sin duda un lugar adecuado para empezar a buscar ayuda para el aprendizaje acerca de ser un padre conforme al corazón de Dios. Greg estaba un poco triste al darse cuenta de que debería haber tenido esta llamada de atención hacía mucho tiempo, pero estaba emocionado porque ahora estaba en el camino correcto. ¡Gracias a Dios su pequeña Mary Lou tenía solo un día de edad!

Greg planeó llamar a Bill Wilson inmediatamente para ver si podía empezar a reunirse con él. Quería comenzar cuanto antes el proceso para una "renovación espiritual de hombre".

El don del Hijo del Padre

Si eres miembro de una iglesia, lo más probable es que encuentres allí hombres que puedan servir como modelos excelentes para aprender a ser un buen papá. No creo que te lleve mucho tiempo darte cuenta de quiénes son esos hombres porque se les nota que desempeñan bien su papel. Los nuevos papás y los papás que necesitan ayuda y consejo pueden acudir a estos hombres, y aprender de sus puntos de vista, experiencias, y por supuesto, incluso de sus errores. Pero mientras estás buscando esos modelos de la vida real, no olvides que tu mejor ejemplo de paternidad es Dios el Padre. Él es y siempre será tu modelo supremo.

Al igual que tus hijos poseen parte de tu esencia (tu ADN); tú, como una nueva creación en Cristo, posees la presencia de Dios en ti. Como creyente, el Espíritu Santo de Dios mora en ti (Ro. 8:9; Ef. 1:14). El trabajo del Espíritu Santo es enseñarnos y guiarnos (Jn. 14:26). Es el Espíritu Santo el que te da la capacidad de ser un modelo conforme a Dios para tus hijos. Te da todos los recursos espirituales que necesitas para ser esa clase de papá. Ese poder interno se muestra a sí mismo en lo que conocemos como "el fruto del Espíritu". Ese fruto se describe como las cualidades del carácter cristiano en Gálatas 5:22-23: "Mas el fruto del Espíritu es amor, gozo, paz, paciencia, benignidad, bondad, fe, mansedumbre, templanza".

El fruto del Espíritu

A lo largo de la Biblia, el "fruto" se refiere a la evidencia externa de la condición interior. Todo aquel que ha recibido a

Jesús como Salvador tiene al Señor viviente en su interior, y esa morada del Espíritu Santo de Dios se evidencia como un buen "fruto": los "frutos de justicia" (Fil. 1:11). Veamos algunos hechos sobre el fruto del Espíritu:

—Este comportamiento espiritual cristiano se expresa como amor, gozo, paz, paciencia, benignidad, bondad, fe, mansedumbre, templanza.

—Cada fruto del Espíritu es mandado en las Escrituras. "Andad en el Espíritu" (Gá. 5:16).

—Cada fruto, por tanto, debido a que es un mandato, requiere una decisión, una elección. ¿Caminarás o no "en el Espíritu"? Si decides caminar, entonces "[no vas a satisfacer] los deseos de la carne" (5:16).

—Cada fruto del Espíritu lo vemos ilustrado en la vida de Cristo. Andar en el Espíritu significa vivir controlado por el Espíritu, actuar como Jesús. Él caminó momento a momento en y por medio del Espíritu; por tanto, su vida mostró habitual y totalmente el comportamiento divino. Amó perfectamente y vivió en un gozo constante y así sucesivamente.

Este comportamiento cristiano, o fruto del Espíritu, es lo que tus hijos pueden esperar de ti y lo que verán cuando estés caminando con Jesús y siguiendo la dirección del Espíritu. Es decir, tus hijos no pueden ver a Jesús, pero pueden verte a ti. Ellos pueden aprender de ti cómo es Jesús. ¿Estás actuando como Cristo?

Así es como se verá tu vida cuando estés caminando en el Espíritu:

Mostrarás amor. Amor es abnegación. Esta simple definición cristaliza lo que la Biblia enseña sobre el amor. "El amor no es una emoción. Es un acto de sacrificio. No significa necesariamente sentir amor hacia una persona en particular. Puede que no esté conectado con ninguna emoción".[1] Esta es la manera como

---

1. John MacArthur, Jr., *Liberty in Christ* (Panorama City, CA: Word of Grace Communications, 1986), p. 88.

la Biblia describe el amor: "Dios muestra su amor para con nosotros, en que siendo aún pecadores, Cristo murió por nosotros" (Ro. 5:8). En este versículo no vemos ninguna emoción, pero vemos claramente que el amor de Dios involucró sacrificio.

Este es un libro acerca de ti como papá y tu papel en la vida de tus hijos. Si quieres ser exitoso como padre, la primera persona que debe recibir el desbordamiento de tu amor a Dios es tu esposa. Si ella sabe que ella es tu primer amor después de Dios, tú y tu esposa modelarán ante sus hijos el amor conyugal que Dios quiere.

El amor de Dios no es la clase de amor representado por el mundo. La clase de amor del mundo se define generalmente en términos de emociones, y con frecuencia varía según nuestros sentimientos. Es condicional y dice: "Si me amas, te amaré". Es también transitorio, puesto que dice: "Ya no te quiero más", o "Se me ha acabado el amor por ti".

Por el contrario, el amor de Dios es incondicional. Dice: "Te amo sin importar qué". Es un amor firme, independientemente de lo que pase.

Cuando un papá está caminando en el Espíritu, su amor es perdurable, imparcial y dispuesto a sacrificarse por el bien de sus hijos. Su amor no es solo una emoción, sino que lo muestra por medio de sus acciones:

> ¿Qué hombre hay de vosotros, que si su hijo le pide pan, le dará una piedra? ¿O si le pide un pescado, le dará una serpiente? Pues si vosotros, siendo malos, sabéis dar buenas dádivas a vuestros hijos, ¿cuánto más vuestro Padre que está en los cielos dará buenas cosas a los que le pidan? (Mt. 7:9-11).

Papá, tu amor debe ser de esa clase que lleva al sacrificio voluntario por los hijos. Ese amor puede incluso requerir en algún momento el supremo sacrificio de dar tu vida por ellos. Pero por ahora, Dios te está pidiendo que seas un sacrificio vivo diario por tus hijos. Por ejemplo, el amor te va a llevar a sacrificar un partido de fútbol que te gusta mucho ver en la televisión para asistir a un juego de tu hijo o al recital de tu hija. Cuando pones a tus hijos en primer lugar, eso deja una tremenda impresión en ellos.

Mostrarás gozo. Cuando la vida es buena, las cosas van bien en el trabajo y los problemas son pocos en casa, la alabanza y la acción de gracias fluyen abiertamente de tu corazón y labios. Cuando el sol está brillando en tu vida, eres *feliz*. Pero cuando la vida se vuelve oscura y tormentosa, la alabanza y la acción de gracias no fluyen tan fácilmente. Aquí es donde la gente se confunde en cuanto a la distinción entre el *gozo espiritual* y la emoción humana de *felicidad*.

La *felicidad* es una emoción que tienes cuando estás experimentando buena suerte y éxito. El *gozo espiritual*, sin embargo, es lo que experimentas cuando decides seguir el consejo de Dios y "[das] gracias en todo" (1 Ts. 5:18) pase lo que pase, incluso cuando las cosas van mal. Una definición más precisa del *gozo* es "el sacrificio de alabanza".

> Cuando pones a tus hijos en primer lugar, eso deja una tremenda impresión en ellos.

Como el amor, el gozo es un sacrificio. Incluso en los momentos en los que no tienes ganas de alabar a Dios o darle gracias, si te comprometes a hacer lo que Dios dice, a pesar de tus circunstancias, experimentarás gozo. Es por eso que se llama un *sacrificio*. Durante los momentos en los que prefieres quedarte atrapado en el enojo o el desaliento, el gozo interior te permite elegir mirar más allá de tu dolor y hacer que tu alabanza sea un sacrificio a Dios.

Papá, en última instancia, la diferencia es esta: la felicidad mundana se basa en las circunstancias. Y es fácil dejar que las circunstancias te afecten al punto de que cuando entras por la puerta de tu casa, tu pobre familia no sabe qué esperar. Dependiendo de cómo te fue en el día, a veces entras por la puerta feliz... y otras veces entras de un humor pésimo. Comprométete a sacrificar tus actitudes y decepciones y caminar por esa puerta lleno del gozo del Espíritu. El gozo de Dios no queda de ninguna manera afectado por lo que sucede en la oficina. Tu familia siempre esperará con ganas tu regreso a casa si llegas con la actitud del gozo de Cristo.

Tendrás paz. La paz se define como "el sacrificio de la confianza". Tú y yo hacemos el sacrificio de confianza cuando enfrentamos el dolor y las tensiones en nuestra vida y elegimos confiar en Dios en vez de estresarnos. Cuando las circunstancias en tu vida te tientan a preocuparte o estar lleno de pavor, puedes elegir ceder a esas respuestas o depositar tu confianza en Dios. Puedes pedirle al Señor que te llene de su paz, o puedes dejar que la ansiedad llene tu corazón.

¿Sabes lo que pasa cuando decides hacer el sacrificio de confianza, incluso en medio de un gran caos? El apóstol Pablo describe los resultados:

> Por nada estéis afanosos, sino sean conocidas vuestras peticiones delante de Dios en toda oración y ruego, con acción de gracias. Y la paz de Dios, que sobrepasa todo entendimiento, guardará vuestros corazones y vuestros pensamientos en Cristo Jesús (Fil. 4:6-7).

Papá, sé que reconoces que tu tarea como padre de tus hijos es muy importante, pero también, increíblemente difícil. Dios te está pidiendo que seas una roca de fortaleza y tranquilidad a pesar de lo que te pase a ti y tu familia. Cuando las cosas se ponen difíciles, muchos papás se sobresaltan y escapan o delegan muchas de sus funciones en sus esposas. Pero cuando haces eso, fallas en ser el modelo a seguir que Dios te ha llamado a ser. La respuesta correcta, entonces, es confiar en que Dios te dé su sabiduría y recursos en tu momento de necesidad. Luego, cuando lleguen las crisis, tu confianza en la gracia de Dios te dará su paz.

Mostrarás paciencia. Otra de las características de caminar en el Espíritu es la paciencia. La Palabra de Dios te instruye que te "[revistas] de... paciencia" (Col. 3:12, nvi). La paciencia es la decisión de esperar y no hacer nada. Tiene la capacidad de esperar y esperar por largo tiempo.

La paciencia es clave para la armonía en las relaciones parentales. Es un primer paso práctico para llevarte bien con las personas que viven bajo tu propio techo. La paciencia es tarea difícil. Por ejemplo, tienes que elegir esperar antes de reaccionar excesivamente a la conducta de tus hijos. Eso no significa que con tiempo no vas hacer algo acerca de su comportamiento. Solo quiere decir que tu primera respuesta es esperar y asegurarte de tomar la decisión correcta sobre cómo responder. Mostrar paciencia es exhibir una conducta semejante a la de Cristo.

Mostrarás benignidad. Mientras que con paciencia esperas y no haces nada pecaminoso (como ponerte injustificadamente loco, gritar enojado, o darle una patada al perro), la benignidad ahora planea una acción apropiada. Al igual que todos los demás frutos del Espíritu, la benignidad desea una acción positiva y busca la oportunidad para hacer algo constructivo. Desde un punto de vista humano esto puede sonar poco varonil, pero la benignidad que viene del Espíritu se preocupa por la gente. Es un asunto del corazón.

Cada vez que demuestras cuidado por el bienestar de tus hijos, muestras benignidad. Como padre, tienes la responsabilidad de capacitar, disciplinar y corregir el comportamiento de tus hijos. Y un papá conforme al corazón de Dios se asegurará de disciplinar con benignidad. Hacer eso es una indicación de que estás lleno del Espíritu. Lanzar amenazas, dar gritos, hacer declaraciones temerarias, humillar a tus hijos o menospreciarlos, aplicar castigos físicos que los lastiman son todas obras de la carne. Esas respuestas son un indicador seguro de que estás pecando. Cuando estás lleno del Espíritu Santo, tus acciones reflejan a Cristo. Tus acciones amables, calmadas y sabias caracterizadas por una verdadera y amorosa preocupación mostrarán que eres un papá conforme al corazón de Dios.

Mostrarás bondad. La bondad te lleva a hacer todo lo posible para ayudar a otros. Es lo que sigue a la preocupación de la benignidad. La bondad da el gran paso desde las buenas intenciones hasta realmente hacer todo lo posible para servir a los demás. John Wesley, el famoso predicador inglés del pasado, entendió bien este principio de hacer todo por el otro. De hecho, se dice que eligió convertirlo en una regla para su vida, y determinó que iba a hacer todo lo posible para poner en práctica las siguientes palabras.

Haz todo el bien que puedas,
por todos los medios que puedas,

en todas las maneras que puedas,
en todos los lugares que puedas,
todas las veces que puedas,
a todas las personas que puedas,
siempre y cada vez que puedas.[2]

Como padre, tienes un legado que dejar detrás de ti. ¿Te imaginas que tus hijos cada vez que se acuerden de ti tengan el recuerdo de que siempre tuviste en mente lo mejor para ellos y les hiciste bien todos los días de tu vida?

Mostrarás fidelidad. Fidelidad significa elegir hacer lo que debes hacer sin importar lo que pase. Cada día trae oportunidades para hacer algo que quizá no tengas ganas de hacer. Pero la fidelidad te llevará a hacerlo sin importar los sentimientos, estados de ánimo o deseos. ¿Hacer qué? Lo que sea necesario para ser un papá conforme al corazón de Dios. "¡Hazlo!" debe ser tu grito de batalla a medida que luchas todos los días con tus áreas de debilidad. Para muchos hombres, el cansancio encabeza la lista. Para otros, es la pereza. Pero cuando tomas la decisión de hacer lo que debes, y miras a Dios buscando su fortaleza y propósito en hacerlo, Él te da todo lo necesario para tener la victoria sobre el cansancio, la pereza, o cualquier otro reto que se te presente.

¿Te das cuenta de que la fidelidad es una gran rareza en nuestro mundo? Cuando eliges ser fiel, exhibes el poder del Espíritu Santo ante un mundo que observa, y en especial ante la mirada de tus hijos. Ser fiel significa elegir levantarte cada día y ponerte ropa de "paternidad", independientemente de cómo te sientas. Significa elegir ser un papá conforme al corazón de Dios, con todas sus responsabilidades, para un día más.

Mostrarás mansedumbre. La mansedumbre, o humildad, requiere que confíes en Dios. Por tanto, la mansedumbre elige aceptar ciertas situaciones. La mansedumbre no significa

---

2. Esta cita se le atribuye a John Wesley, pero hay fuentes que afirman que no se puede encontrar en sus escritos.

debilidad, sino que en realidad contiene la idea de "fortaleza bajo control". Un hombre que se caracteriza por la mansedumbre está dispuesto a soportar el comportamiento y el sufrimiento cruel. Pone su plena confianza en la sabiduría, el poder y el amor de Dios. En los ojos del mundo, la mansedumbre puede parecer debilidad, pero en realidad muestra una fuerza superior.

Cuando actúas con mansedumbre, muestras un carácter semejante al de Cristo. Jesús mismo dijo: "Bienaventurados los mansos, porque ellos recibirán la tierra por heredad" (Mt. 5:5). Luego, procedió a poner en práctica ese espíritu manso y apacible. De hecho, se describe a sí mismo como "manso y humilde de corazón" (Mt. 11:29). ¿Recuerdas la primera vez que sostuviste en tus brazos a tu primer hijo? Fuiste muy cuidadoso con ese nuevo y pequeño ser. Todavía hace falta que tengas esa misma actitud y atención con cada uno de tus hijos sin importar su edad. Ellos siguen necesitando el toque suave de un papá amoroso.

Mostrarás templanza (dominio propio). En momentos de tentación, un hombre que camina en el Espíritu decide no tomar ciertos caminos. En otras palabras, no cede a las emociones equivocadas, a los antojos, ni a los impulsos. Decide no pensar ni hacer lo que sabe está en contra de la Palabra de Dios. Elige no excusarse o mimarse a sí mismo. Se niega a seguir el camino más fácil. No racionaliza sus antojos

> No empieces el día hasta que te comprometas a estar controlado por el Espíritu.

equivocados en un intento de hacerlos legítimos. Más bien, está determinado a decir: "¡No!". No a los pensamientos, actitudes y comportamientos malos, incluidos los de la esfera sexual.

Tu determinación a evitar los pensamientos o acciones que deshonran a Cristo, que avergüenzan a tu esposa y alienan a tus hijos debe ser siempre constante. A Satanás nada le gustaría más que destruir tu familia a través de tus fallos en el buen juicio moral. No empieces el día hasta que te comprometas a estar controlado por el Espíritu. Tu familia necesita tu ejemplo cristiano, tu dominio propio. "No lo hagas".

El arte de caminar

Ahora que tienes una comprensión básica del fruto del Espíritu, ¿qué significa "[andar] en el Espíritu"? En términos simples, caminar en el Espíritu significa vivir cada momento en sujeción a Dios. Significa tratar de agradar a Dios con los pensamientos que eliges considerar, las palabras que eliges decir, y las acciones que decides tomar. Andar en el Espíritu significa que quieres hacer lo correcto y dejar que Dios te guíe en cada paso del camino.

Lamentablemente, como tú y yo nos hemos dado cuenta, andar en el Espíritu no es fácil. Estoy seguro de que has notado que, como creyente en Cristo, todavía luchas con el pecado. Incluso el apóstol Pablo, que hizo grandes cosas en sus muchos años de servicio a Dios, luchaba. Él confesó: "Yo sé que en mí, esto es, en mi carne, no mora el bien; porque el querer el bien está en mí, pero no el hacerlo" (Ro. 7:18). Entonces, ¿cuál es la solución? En tres palabras: *permanecer en Cristo.*

Permanecer en Cristo significa estar o quedarse cerca de Él. Un cristiano permanecerá en Cristo: se quedará cerca de Jesús y dará fruto espiritual para Jesús. Así es como el Señor mismo lo expresó: "Yo soy la vid, vosotros los pámpanos; el que permanece en mí, y yo en él, éste lleva mucho fruto; porque separados de mí nada podéis hacer" (Jn. 15:5). Permanecer en Él requiere tomar algunas decisiones:

Decidir dedicar tiempo a la Palabra de Dios es un paso (en realidad el Paso 1) que puedes dar todos los días para permanecer en Cristo. "Porque la palabra de Dios es viva y eficaz, y más cortante que toda espada de dos filos" (He. 4:12). Ninguna otra literatura en el mundo tiene el poder y la fuerza que está disponible para ti en tu Biblia.

Decidir dedicar tiempo a la oración es otro paso que hace que te sea posible estar en comunión con Cristo y permanecer en Él. No puedes mantenerte a distancia de Jesús si estás hablando con Él. La oración es un vínculo vital entre tú y Dios. Así como un cordón umbilical es la línea vital de un feto con su madre, la oración es tu línea vital para mantener una relación activa con Jesús. Para permanecer en Cristo y ser un papá conforme al corazón de Dios (un papá que camina con Dios), haz todo lo que sea necesario para fortalecer tu vida de oración.

Decidir obedecer los mandamientos de Dios también intensifica tu búsqueda de permanecer en Cristo. La obediencia era una parte esencial de la propia comunión constante de Jesús con el Padre, y Él dice que es esencial para ti también: "Si guardareis mis mandamientos, permaneceréis en mi amor; así como yo he guardado los mandamientos de mi Padre y permanezco en su amor" (Jn. 15:10).

Decidir lidiar con el pecado significa elegir la obediencia. Permanecer en Cristo requiere que mantengamos cuentas claras con Dios. Cuando pecas, asegúrate de confesarlo de inmediato, y ten la seguridad de que "si confesamos nuestros pecados, él es fiel y justo para perdonar nuestros pecados, y limpiarnos de toda maldad" (1 Jn. 1:9). Una vez que hayas abordado tu pecado, una vez más vas a andar en el Espíritu.

¡Papá, tú puedes hacerlo!

Me gustaría estar contigo en este momento para darte de corazón una palmada en el hombro. Sé que estás ocupado, ¿qué papá no lo está? El mismo hecho de que estás tomando tiempo fuera de tu apretado horario para leer un libro acerca de cómo ser un mejor padre dice mucho acerca de ti y de tu corazón.

Dios quiere que crezcas espiritualmente en Él con el fin de crecer como esposo y también como padre. Hemos hablado de tomar decisiones y hemos visto lo importante que es para ti como padre andar en el Espíritu para ser un hombre lleno del Espíritu de Dios.

Doy gracias a Dios porque estás avanzando en su camino. Tú puedes hacerlo, papá, así que no te desanimes. Todo crecimiento tiene lugar día a día. Esfuérzate, pues, por ser un hombre y un papá conforme al corazón de Dios hoy... y luego despierta cada mañana y procura seguir haciéndolo... y así cada día.

Así es como se camina en el Espíritu:

Un pie delante del otro
Un pensamiento a la vez
Una frase a la vez
Una respuesta a la vez
Una decisión a la vez
Un minuto a la vez
Un día a la vez
Y cuando falles, detente,
admítelo, confiésalo, pide perdón por ello, y sigue
  adelante.
Déjalo atrás. Aprende de ello, pero olvídalo.[3]

Pequeños pasos que hacen una gran diferencia

1. *Busca un mentor.* Un mentor puede ayudarte en tu caminar con Dios, en tu crecimiento espiritual y en tu papel como padre. Tener un mentor es como tener un instructor personal que te puede ayudar en tu formación espiritual. Ora y pídele a Dios que te ayude a encontrar a alguien que muestre la madurez espiritual que deseas para tu propia vida. Sé por experiencia cuán gran ayuda se puede recibir de un mentor. Es como dice el proverbio: "Hierro con hierro se aguza; y así el hombre aguza el rostro de su amigo" (Pr. 27:17).

2. *Reúnete con un grupo de hombres.* Un grupo de hombres para el estudio de la Biblia o para rendir cuentas puede ser el lugar donde encuentres un mentor al ir observando a los diferentes hombres en el grupo. Si los hombres están estudiando un libro, asegúrate de comprarlo y de comprometerte a leerlo y participar en las discusiones. Cuanto más involucrado estés con otros hombres que están buscando el crecimiento espiritual, tanto más crecerás.

3. *Memoriza las Escrituras.* Elige algunos versículos importantes o favoritos de la Biblia y memorízalos. Y no olvides animar a tus hijos a aprenderlos de memoria junto contigo. Eso ayudará a formar grandes recuerdos mientras aprenden la Palabra de Dios

---

3. Fuente desconocida.

juntos. El salmista escribió: "En mi corazón he guardado tus dichos, para no pecar contra ti" (Sal. 119:11). Allí donde quiera que estés y sin importar lo que esté sucediendo, tendrás la Palabra de Dios allí mismo, en tu mente y corazón cada vez que las pruebas o las tentaciones vengan a ti.

4. *Ora, y hazlo un poco más.* Cuando oras, estás reconociendo que Dios es un participante activo en tu vida. Dedicar tiempo cada día, así como momento a momento durante todo el día, fortalecerá tu vida espiritual. Esto, a su vez, fortalecerá tu matrimonio y el tipo de influencia que tienes sobre tus hijos.

Un padre es más que cien maestros de escuela.[4]

George Herbert

---

4. Atribuida a George Herbert, pero la fuente es desconocida.

3

Un papá que es un maestro

Y estas palabras que yo te mando hoy, estarán sobre tu corazón;
y las repetirás a tus hijos, y hablarás de ellas estando en tu casa,
y andando por el camino, y al acostarte, y cuando te levantes.

DEUTERONOMIO 6:6-7

La enseñanza es una tarea de colaboración con Dios.
No estás moldeando hierro ni cincelando mármol;
estás trabajando con el Creador del universo
en la formación de carácter humano y determinación de un destino.[1]

RUTH VAUGHAN

"¡Uno de marzo!", se dijo Greg a sí mismo en voz alta. "¡Nunca jamás voy a olvidar este día!" Luego de seguir hablando para sí mismo, dijo: "Este es el día en que nació mi pequeña Mary Lou". Greg estaba hablando como si el 1 de marzo hubiera ocurrido semanas atrás, cuando, de hecho, había pasado solo un día. Pero mucho había sucedido, y parecía que ayer había pasado hacía mucho tiempo. Oh, sí, la vida había cambiado. Esta era una situación completamente nueva.

Después de pasar la mayor parte del día en el hospital, Greg regresó a casa y se metió en la cama para disfrutar de unas pocas horas de sueño. Luego, cuando despertó, se puso de rodillas para otra sesión de oración con Dios. Tal como había hecho el día

---

1. Ruth Vaughan, como se cita en Albert M. Wells, Jr., ed., *Inspiring Quotations, Contemporary and Classical* (Nashville, TN: Thomas Nelson, 1988), p. 196.

anterior, le pidió a Dios que lo ayudara al tiempo que él hacía todo lo posible para cumplir con su nuevo papel como papá. Aún no se sentía muy seguro ante esta gran responsabilidad, y porque no era todavía tiempo para volver al hospital, Greg decidió buscar su Biblia para continuar su programa de lectura diaria que había comenzado el 1 de enero.

Para este tiempo, Greg había llegado a Deuteronomio capítulos 5 al 7. Se alegró de haber comprado una Biblia de estudio, ya que eso ayudaba a explicar los pasajes que estaba leyendo. El trasfondo de estos capítulos era que los hijos de Israel llevaban vagando por el desierto 40 años porque habían fallado en confiar en que Dios los llevaría a la tierra prometida. Durante esa peregrinación, toda una generación de israelitas había muerto. Así que ahora Moisés se dirigía a una nueva generación. Los estaba preparando tanto espiritual como físicamente para la vida en su nueva patria. Greg se inclinó sobre su Biblia en la mesa de la cocina y empezó a leer el capítulo 5, que era un repaso de los Diez Mandamientos de Dios. Luego continuó en el capítulo 6. Al leer los versículos 5 al 7, de repente se irguió con asombro al darse cuenta de que Dios le estaba dando una importante orientación sobre cómo debía criar a su pequeña hija. Leyó lentamente los versículos de nuevo:

> Y amarás a Jehová tu Dios de todo tu corazón, y de toda tu alma, y con todas tus fuerzas. Y estas palabras que yo te mando hoy, estarán sobre tu corazón; y las repetirás a tus hijos, y hablarás de ellas estando en tu casa, y andando por el camino, y al acostarte, y cuando te levantes.

De vuelta a lo básico

Cada año, antes del comienzo de la temporada de béisbol, los jugadores van a algún lugar de clima cálido para los entrenamientos de primavera. Lo que es asombroso es que no importa si un jugador es un veterano con diez Guantes de Oro y un gran contrato, o un novato llamado de la liga inferior. Cada jugador comienza el campamento en pie de igualdad, centrándose en los aspectos básicos del juego. Es así porque los fundamentos son importantes, pues a menos que los domines, no te va a ir bien.

Del mismo modo, tú y yo como padres (y específicamente como papás) necesitamos volver periódicamente a lo básico, y recordar los principios esenciales que encontramos en la Biblia sobre cómo instruir a nuestros hijos.

Cuando Dios habló en Deuteronomio 6:5-7, eso es exactamente lo que estaba haciendo con Moisés y los israelitas. Los estaba instruyendo en los fundamentos de la crianza de los hijos. Y no importa cuánto tiempo has sido papá, siempre te puede servir un curso de actualización en los conceptos básicos de la formación de los hijos. O tal vez, al igual que Greg, necesitas aprender estos principios por primera vez. En cualquier caso, vamos a echar un vistazo más de cerca a Deuteronomio 6:5-7 y ver lo que dice.

La primera tarea de un papá: hacer de Dios su prioridad

¿Cuál debe ser el objeto de tu amor? Nosotros solemos "amar" muchísimas cosas por razones muy diferentes. Pero Dios prescribe perímetros para tu amor. Por ejemplo, te dice lo que *no* debes amar: "No améis al mundo, ni las cosas que están en el mundo" (1 Jn. 2:15). Y te dice lo que *sí* tienes que amar y en qué debes enfocar el amor: "Amarás a Jehová tu Dios" (Dt. 6:5). Porque Dios lo manda, se espera que tú lo hagas.

¿Cuán enfocado debe estar ese amor? El Señor va un paso más allá y exige *todo* tu amor. Dios quiere que lo ames a Él con cada fibra de tu ser, cada aliento, cada gramo de energía, cada pensamiento, cada emoción y pasión, cada elección; quiere que pienses primero en Él y que desees agradarle a Él por encima de todo. Y ese amor debe ser con todo tu corazón, con toda tu alma, y con todas tus fuerzas (lee el v. 5). Como resume el escritor Matthew Henry: "Aquel que es nuestro todo exige nuestro todo".[2]

Matthew Henry continúa señalando que tu amor por Dios debe ser fuerte; es para vivirlo con gran entusiasmo y ferviente afecto. Debe ser un amor que arda como un fuego sagrado, un amor que haga que todo nuestro afecto fluya hacia Él.[3]

---

2. Matthew Henry, *Matthew Henry's Commentary on the Whole Bible* (Peabody, Mass.: Hendrickson, 1991), p. 244.
3. *Matthew Henry's Commentary on the Whole Bible*, p. 244.

El amor se desborda

Dios quiere que te obsesiones y te centres en Él. ¿Cómo afectará esto a tu amor por tu familia? Primero, cuanto más ames a Dios, tanto más vas a saber sobre el amor. Luego, cuanto más sepas sobre el amor, más vas a saber sobre cómo amar. Y, por último, cuanto más sepas sobre cómo amar, tanto más vas a amar a tu esposa e hijos. Cuando ames a Dios como debes, tu amor se desbordará hacia tu familia.

> Cuando ames a Dios como debes, tu amor se desbordará hacia tu familia.

Me gusta lo que C. S. Lewis escribió acerca de su amor por Dios y cómo eso afectó su relación con su esposa: "Cuando haya aprendido a amar a Dios mejor que a mi ser terrenal más querido, amaré a mi ser terrenal más querido mejor que ahora".[4]

A qué se parece el amor

¿A qué se parece ese amor desbordado en la vida real? Desde el primer momento en que sabes que un bebé está en camino, todos tus pensamientos, sueños, oraciones y metas deben enfocarse hacia ese pequeño. Debes estar completamente consumido por la comprensión de lo que significa ser un papá, y en concreto, un papá conforme al corazón de Dios.

Tu amor por ese niño esperado debe comenzar ayudando a tu esposa a empezar a prepararse físicamente para la llegada del bebé, asegurándote de que ella cuide de su salud. Una mamá sana tiene mayores probabilidades de tener un bebé sano. También, por lo general, significa ayudar a tu esposa a preparar algún tipo de área para la crianza de la nueva criatura: un moisés o cuna, una manta, ropa y un montón de pañales, y tal vez incluso pintar o arreglar una habitación.

Entonces, como papá y líder de tu creciente familia, tu amor ve las necesidades financieras de las personas en tu hogar. Este es un buen momento para sentarte con tu esposa y hablar del futuro. Si ella está trabajando, ¿quiere o necesita seguir trabajando? Tal vez pueda y quiera seguir trabajando por un tiempo, o tal vez quiera dejarlo. ¿Cómo puedes hacer que su sueño sea una reali-

---

4. Como se cita en Wells, Jr., ed., *Inspiring Quotations*, p. 119.

dad? ¿Vas a necesitar conseguir un segundo trabajo? ¿Trabajar un turno adicional? ¿Hacer horas extras? En relación con el trabajo de tu esposa, ¿qué arreglos deben hacerse para que deje el trabajo o tenga un permiso de ausencia temporal?

¿Estás comenzando a ver la magnitud del amor sacrificial que es necesario de tu parte al tiempo que los preparativos siguen y siguen? Ese amor hace que sea absolutamente vital que tú, el papá, seas parte de esos preparativos. El amor no se echa atrás cuando la realidad de un bebé se hace presente. El amor no es ser un padre ausente.

Entonces, la primera tarea de Dios para cada papá es amarlo a Él supremamente. Cuando lo hagas, estarás mucho más avanzado en el camino para ser el tipo de papá que, por la gracia de Dios, puede criar hijos conforme a su corazón. Porque todo en ti (tu corazón, alma, mente y fuerzas) estará centrado en Dios, tu amor se desbordará hacia tu familia y el deseo de tu corazón será enseñar a tus hijos a amarlo y seguirlo.

La segunda tarea de un papá: asimilar la Palabra de Dios

¿Qué hará falta para que puedas mantener el amor de Dios como prioridad en tu mente y corazón? En Deuteronomio 6, Moisés está viviendo las últimas semanas de su vida. Han pasado 40 años desde que el pueblo de Dios saliera de Egipto. Han soportado 40 años vagando sin hogar en el desierto.

Mientras Israel acampaba a orillas del río Jordán, una nueva generación estaba a punto de entrar a la tierra prometida. Moisés repite la Ley una vez más para una nueva generación de israelitas antes de que crucen el río y tomen posesión de la tierra. Esta nueva generación nació en el desierto. Todos ellos eran menores de 40 años de edad, por lo que los hijos que tenían eran jóvenes. Al hablar, Moisés no quiere que solo oigan las palabras de la Ley y los Diez Mandamientos. ¡No, quiere más, mucho más! Quiere que las palabras de la Ley vayan más allá de sus oídos y penetren y residan en sus corazones. "Y estas palabras que yo te mando hoy, estarán sobre tu corazón" (6:6).

Dios nos dice en Deuteronomio 6:6 que su Palabra, la Biblia, debe estar en nuestros corazones. ¿Qué hay en tu corazón? Yo no lo sé, pero Dios te dice lo que se supone que debe estar allí:

¡Su Palabra! Él repite este mandato en otros varios lugares en la Biblia:

> Dios animó a Josué, el nuevo jefe que tomaría el lugar de Moisés: "Nunca se apartará de tu boca este libro de la ley, sino que de día y noche meditarás en él" (Jos. 1:8).

> El salmista alabó a Dios porque "En mi corazón he guardado tus dichos, para no pecar contra ti" (Sal. 119:11).

> Un padre apasionado instó a su hijo: "guarda mis mandamientos y vivirás, y mi ley como las niñas de tus ojos. Lígalos a tus dedos; escríbelos en la tabla de tu corazón" (Pr. 7:1-3).

> Zacarías, el padre de Juan el Bautista, fue sin duda un papá conforme al corazón de Dios. Se los describe a él y a su esposa como "justos delante de Dios, y andaban irreprensibles en todo los mandamientos y ordenanzas del Señor" (Lc. 1:6). Pablo lo expresó de esta manera: "La palabra de Cristo more en abundancia en vosotros" (Col. 3:16).

Este mensaje se repite en toda la Biblia, y se oye con fuerza, ¿no es cierto? La Palabra de Dios debe estar en tu corazón. Él nos lo pide a ti y a mí como padres, como papás. ¿Por qué? Porque si la verdad reside en tu corazón, vas a tener una guía segura cuando necesites ayuda, fortaleza, sabiduría y perseverancia como papá. Y eso es algo que puedes transmitir a tus hijos.

Tener e instruir a un hijo es tal vez la mayor bendición terrenal que jamás podrás disfrutar. Y, al mismo tiempo, es el mayor reto. Pero anímate, la Palabra de Dios siempre estará ahí en ti, contigo, y para ti cuando instruyas a tus hijos en los caminos del Señor.

Así pues, la segunda tarea de Dios para cada papá es estar comprometido con su Palabra y hacer lo que sea necesario para sembrar las enseñanzas de las Escrituras en su corazón, alma y mente. Como dije antes, no puedes impartir lo que no tienes. Y esta es la esencia de la enseñanza de Moisés a los padres: para enseñar y guiar, dirigir y formar a un hijo conforme al corazón de Dios, se requiere que su verdad esté primero en tu corazón. Solo entonces vas a poseer algo que puedes impartir. Y lo más importante que puedes transmitir a tus hijos es la verdad preciosa acerca de Dios y de la salvación que se obtiene por medio de su Hijo, Jesucristo.

La tercera tarea de un papá: enseñar la Palabra de Dios

¿Cómo ayudas a tus hijos a desarrollar el deseo por las palabras de Dios? Deuteronomio 6:7 responde a esta pregunta: "Y las repetirás a tus hijos". Hemos estado trabajando lentamente hacia esta importante responsabilidad desde que comenzamos el capítulo, y ahora debes tener ya la motivación para hacerlo. Un papá que ama al Señor con todo su ser y guarda las palabras de Dios en su corazón va a querer enseñar las verdades del Señor a sus hijos e hijas.

Veamos con más detenimiento los elementos específicos de Deuteronomio 6:7.

"Y las repetirás a tus hijos"

Dios dice: "Y las repetirás…". La idea implícita es la de enseñar de manera reiterada. Dos formas principales de enseñar algo son mediante las palabras y el ejemplo. En los capítulos 1 y 2 de este libro, vimos lo importante que es mostrar a nuestros hijos un modelo de carácter y conducta cristianos.

Mientras escribo esto, me acuerdo de un seminario sobre evangelismo que llevé a cabo en la Universidad de California en Los Ángeles. Hice una pregunta al grupo: "¿Quiénes son los estudiantes más difíciles de alcanzar con el evangelio?". Para mi sorpresa, el consenso de la clase fue los hijos de padres que son cristianos nominales y solo de domingo. Los estudiantes de padres nominalmente "cristianos" no querían saber nada de una religión donde los padres decían una cosa los domingos y vivían una vida totalmente diferente durante la semana.

> Enseñar la verdad de Dios a tus hijos… formará su carácter y determinará su destino.

Eso quiere decir que tienes que tomar muy en serio tus acciones y actitudes en torno a tus hijos, especialmente si afirmas

ser cristiano. Tienes que ser consecuente. Como se suele decir:
"Practica lo que dices, muéstralo con el ejemplo".

Como papá, enseñas con el ejemplo de tu vida. Para algunos
padres, esta será la manera más cómoda de enseñar. Más allá de
si te resulta cómodo o no, esto significa en última instancia que
primero debes tener la Palabra de Dios en tu corazón a fin de
que puedas vivirla continuamente ante tus hijos. Dios no te está
pidiendo que les enseñes matemáticas o gramática, lo que te pide
es que les enseñes "estas palabras que yo te mando" (v. 6).

Deuteronomio 6:7 dice a los papás (y no olvidemos a las mamás)
que enseñen a sus hijos la palabra, los caminos y la verdad de Dios.
Ahora, la Palabra de Dios tiene poder para transformar la vida.
Si impartes esta sabiduría a tus hijos, eso puede ayudarlos a guiar
su camino y decisiones durante toda su vida. Esa es la verdad que
puede penetrar en sus corazones y llevarlos a Cristo. Enseñar la
verdad de Dios a tus hijos, como se te exhorta a que hagas en Deuteronomio 6:6-7, formará su carácter y determinará su destino.

Eso es lo que le pasó a Timoteo. Cuando el apóstol Pablo
escribió a su joven y fiel colaborador en el ministerio, él le dijo: "Y
que desde la niñez has sabido las Sagradas Escrituras, las cuales
te pueden hacer sabio para la salvación por la fe que es en Cristo
Jesús" (2 Ti. 3:15).

La Palabra de Dios es dinamita. A través de la obediencia
fiel de una mamá y una abuela que cumplieron con enseñar al
pequeño Timoteo las sagradas verdades de las Escrituras, se preparó el camino para la salvación de Timoteo. La mamá y la abuela
hicieron su parte… y Dios ciertamente hizo la suya.

Así pues, ¿no debería un papá conforme al corazón de Dios,
un papá que quiere criar a sus hijos según la voluntad de Dios,
tomar en serio la enseñanza de las Escrituras? Si eres de ese modo
de pensar…

- ¿No deberías también estar comprometido a instruir a tus
  hijos en los caminos de Dios?
- ¿No deberías planear en cierta medida cómo vas a lograr
  esa meta?
- ¿No deberías programar formalmente un tiempo cada día
  para pasarlo con ellos?

- ¿No deberías también animarlos a tener un tiempo a solas con Dios en un momento de quietud?
- ¿No deberías instruirlos en formas de tener devociones diarias?
- ¿No deberías buscar materiales apropiados para su edad con el fin de complementar su instrucción?
- ¿No deberías hablar con otros padres acerca de cómo viven ellos las instrucciones de Dios para enseñar a sus hijos la verdad bíblica?
- ¿No deberías (y esto es muy importante) orar diariamente acerca de esta tarea asignada por Dios, esta función docente que te ha sido dada personalmente a ti como líder de la familia?

El mandato de "Y las repetirás a tus hijos" conlleva también la idea de "enseñar diligentemente". En general, los niños aprenden por repetición y ese esfuerzo hay que hacerlo con diligencia. Dicho sea de paso, *ser diligente* significa hacer la tarea con propósito y concienzudamente.

Dedica ahora un minuto a este pensamiento: ¿En qué eres diligente? Algunos papás son diligentes en hacer su trabajo, lo cual es algo muy bueno, porque eso es un principio bíblico. Otros papás son diligentes en sus deportes y aficiones, o en cuidar de su auto. Otros son diligentes en cuanto a su salud y nunca se olvidan de su caminata diaria o ejercicio en el gimnasio. La lista puede ser larga en las formas en que los hombres optan por ser diligentes en vez de descuidados, perezosos o negligentes.

Ahora enfoca tus pensamientos en ser diligente para enseñar la verdad espiritual a tus hijos, en lugar de dejar esa importante tarea a otra persona, ya sea tu esposa, líder de la iglesia, escuela cristiana, o un abuelo. No me malinterpretes, estas otras personas son recursos excelentes y muy necesarios; pero deben ser tus *socios* en enseñar la verdad, no tus suplentes o sustitutos. Tú, como padre de tus hijos, debes ser su maestro principal de la verdad.

"Y hablarás de ellas"

Ya hablamos antes de las dos formas en que podemos instruir: por medio de nuestras palabras y de nuestro ejemplo. La otra

forma es a través de nuestra conversación cotidiana. Esto sencillamente significa hacer que las enseñanzas de Dios sean parte de
nuestra conversación diaria.

Esto no es tan difícil como podríamos pensar. Y no hay que
sentirse nervioso por ello solo porque no tenemos un título en
educación. Eso no es lo que Dios espera de los padres. Por el
contrario, cuando se trata de enseñar sus verdades a tus hijos, Él
dice: "Y hablarás de ellas estando en tu casa, y andando por el
camino, y al acostarte, y cuando te levantes" (v. 7).

No importa cuál sea tu nivel de educación, o cuánta experiencia tengas en enseñar (ni cuán ocupado estés), Dios espera que
viertas su Palabra que atesoras en tu corazón en los corazones de
tus hijos. Todo lo requiere de ti es…

> *Primer paso:* ama al Señor con todo tu corazón;
> *Segundo paso:* guarda la Palabra de Dios en tu corazón;
> *Tercer paso:* enseña sus verdades diligentemente…
> hablando de ellas.

"¿Eso es todo?", tú dices. Sí, eso es todo, solo hablar de ellas.

"Estando en tu casa"

Date cuenta de dónde se llevará a cabo todo tu hablar y
enseñar de padre a hijo: en tu casa. Nada podría ser más fácil o
más natural o más conveniente. No necesitas planes de lecciones y actividades elaborados. No tienes que vestirte o crear un
ambiente especial. No necesitas meterte en el auto, ir a algún
lugar, o gastar dinero.

No. Dios simplemente dice que, cuando estés en tu casa, tienes que hablar del Señor. Eso no es muy difícil, ¿verdad? Cuando
estás en casa, te sientas a relajarte o a comer, o te sientas a leer,
o a armar un rompecabezas o proyectar o hacer tareas juntos. E
incluso fuera de la casa, te sientas siempre que están en el auto
juntos. Eso hace que esos momentos sentados sean buenas oportunidades para hablar acerca del Señor, de su amor y sus promesas. Por supuesto, no es posible hablar de Dios con tus hijos con
la distracción de la televisión o los juegos de video. Esto significa

que vas a tener que planificar o designar momentos cuando estos artefactos van a estar apagados.

Dios continúa en Deuteronomio 6:7 y añade esto a tus momentos de hablar: "al acostarte, y cuando te levantes". Bueno, ahora ya sabes lo que se supone que debes hacer: hablar sobre el Señor. Puedes ayudar incluso a tus hijos más pequeños a que comiencen y terminen su día con los pensamientos de Dios en su mente. Antes de salir para el trabajo, puedes ir a la habitación de tu hijo y decir: "Este es el día que hizo Jehová; nos gozaremos y alegraremos en él" (Sal. 118:24). Luego puedes añadir: "Levántate, resplandece" (Is. 60:1).

O puedes llamar a tu hija: "¿Dónde está mi preciosa bendición de Dios?". O a tu joven hijo: "¿Cómo está hoy este soldado de Dios?". Luego, durante el día, llamas a tu esposa y le pides que te ponga uno o más de los niños al teléfono para que puedas compartir un versículo de la Biblia o simplemente decir lo mucho que los amas y recuerdas.

Y por la noche, la oración es la manera perfecta de llevar a los pequeños (y a los grandes) a la cama. Eso pone fin a su día y a todo lo que pasó. Calma los dolores y alivia cualquier herida durante el día. Y sofoca todos los miedos. Al igual que David: "Yo me acosté y dormí; y desperté; porque Jehová me sustentaba" y "En paz me acostaré, y asimismo dormiré; porque solo tú, Jehová, me haces vivir confiado" (Sal. 3:5 y 4:8).

"Y andando por el camino"

Dios no solo dice que hables con tus hijos acerca de Él en el hogar; también te dice que debes hacer lo mismo fuera del hogar, es decir, "andando por el camino". A medida que tus hijos crezcan, es bueno que programes si es posible una "salida con el papá" con cada niño cada semana. Una "cita" con tus hijas o algún "tiempo con los varones" son grandes oportunidades para hablar acerca de asuntos serios y también de cosas triviales. Eso es hablar mientras caminas. Estos momentos a solas con cada hijo te permitirán enfocar el tiempo en hablar personalmente y en privado con ellos, y sobre todo acerca de su relación con Dios por medio de Jesucristo.

Así que la tercera tarea asignada por Dios a cada papá es que esté constantemente enseñando y hablando con sus hijos acerca del Señor que él ama. Enseñar y hablar, y hablar y enseñar. El hogar es el lugar natural para grabar continuamente las verdades de Dios en tus hijos. Allí es donde ellos llegan a ver y escuchar todos los días la importancia que el Señor tiene para ti y su mamá. Y más allá de la casa, mientras van "andando por el camino", hay un montón de oportunidades adicionales para que les hables a tus hijos acerca de Él.

Haz todo lo posible para aprovechar esos momentos preciosos. Y si ves que son pocos y distantes entre sí, haz que sucedan más a menudo. Como aprendimos anteriormente, vas a encontrar tiempo para lo que sea verdaderamente importante para ti. Así que busca en tu plan diario y encuentra formas de apartar tiempo para estar con tus hijos. El autor Tedd Tripp nos reta con estas palabras en su libro *Cómo pastorear el corazón de sus hijos*:

> Pastoreas a tu hijo en el nombre de Dios. La tarea que Dios te ha dado no es de esa clase que puede ser programada según convenga. Es una tarea dominante. La formación y el pastoreo están sucediendo cada vez que estás con tus hijos. Ya sea al despertar, caminar, hablar, o descansar, debes estar involucrado en ayudar a tu hijo a entender la vida, a sí mismo y sus necesidades desde una perspectiva bíblica.[5]

¡Papá, tú puedes hacerlo!

En mi libro *Un esposo conforme al corazón de Dios*[6], doy a conocer la siguiente historia sobre el impacto de la enseñanza informal de un papá.

Estaba yo asistiendo a un seminario dirigido por un pastor y líder especial. Este hombre comenzó su charla contando a los oyentes que cuando él y su hermana estaban creciendo, su padre

---

5. Tedd Tripp, *Shepherding a Child's Heart* [*Cómo pastorear el corazón de sus hijos*] (Wapwallopen, PA: Shepherd Press, 1995), p. 33. Publicado en español por Editorial Eternidad.

6. Jim George, A Husband After God's Own Heart [*Un esposo conforme al corazón de Dios*] (Eugene, OR: Harvest House, 2004), p. 111. Publicado en español por Editorial Portavoz.

había dedicado bastante tiempo a estar con ellos. La práctica del papá era pasar una hora todas las noches con sus hijos después de cenar. A veces, la hora la empleaba en enseñar de la Biblia, o a contar una historia de la Biblia. A medida que los niños crecían, el padre hablaba con ellos acerca de los acontecimientos en el periódico y cómo considerarlos a la luz de la verdad bíblica. Estas sesiones de una hora cada día duraron hasta que el hijo salió de casa para ir a estudiar a la universidad.

¡Qué gran ejemplo de lo que hemos estado hablando en este capítulo! Si quieres ser un padre conforme al corazón de Dios e influir en tus hijos para Dios, tienes que tener contacto con ellos. Y el impacto que haces en su vida está en proporción directa al tiempo que pasas con ellos, ya sea formal o informalmente.

Pequeños pasos que hacen una gran diferencia

1. *Toma en serio tu papel como maestro.* Enseñar a tus hijos es un mandato de Dios. Piensa en esto: la fe cristiana está, humanamente hablando, solo a una generación de su extinción. Como he dicho antes, eso no significa que tengas que enseñar "estilo salón de clase", pero sí significa que debes buscar oportunidades para impartir continuamente las verdades de Dios a tus hijos.

Esa es la responsabilidad que Dios quería inculcar a los futuros padres israelitas y, por extensión, a ti. Los padres y su fiel enseñanza sobre Dios eran la esperanza para la siguiente generación. Si ellos no enseñaban a sus hijos acerca de Dios, la siguiente generación no sabría nada de Él. Papá, asegúrate de que estás haciendo tu parte para inculcar las enseñanzas de la fe cristiana a tus hijos. Luego, confía en que Dios hará su obra en sus corazones.

2. *Aparta tiempo cada día para tus hijos.* Sé que de alguna manera siempre logras encontrar tiempo para hacer lo que crees que es importante, ¿no es cierto? Si pasar tiempo con tus hijos es importante para ti, entonces vas a encontrarlo. No puedes utilizar la excusa de "no tengo tiempo para un 'tiempo especial de papá' con mis hijos" porque siempre hay tiempo, es solo una cuestión de prioridades. Es estupendo si mamá pasa tiempo con los niños,

pero ellos necesitan también tenerlo contigo. De hecho, el tiempo que pasas con tu familia suele ser el tiempo mejor invertido.

3. *Lee la Palabra de Dios y transmítela.* Esto nos lleva de nuevo al primer paso de Dios para los papás: su Palabra debe estar en tu corazón. Así que asegúrate de dedicar fielmente tiempo a la Palabra y luego comparte sus verdades y principios con tus hijos. Ve a tus hijos como tu "clase bíblica" e incluso prepárate para ella. Elige algo para estudiar de la Biblia o un libro para niños. Lleva a tus hijos a visitar la librería local y busca materiales para el estudio de la Biblia junto con tus hijos.

4. *Procura contar con la ayuda de tu esposa.* Pero no me refiero a que le pases a ella la enseñanza para quitártela de encima. Probablemente, ella dedicará más tiempo a estar con los niños que tú, pero eso no niega tu papel y responsabilidad como maestro. Trabajen juntos como un equipo.

Mañana

Vi el mañana marchando
con el andar de los niños pequeños.
En sus formas y rostros
leí su profecía cumplida.

Vi el mañana mirándome
desde los ojos de los niños pequeños,
y pensé en lo cuidadosamente que les enseñaríamos,
si fuéramos realmente sabios.[7]

---

7. *Our Daily Bread* [*Nuestro pan diario*] (Grand Rapids, MI: Radio Bible Class, 1980), 18 de septiembre. Publicado en español por la Clase Bíblica Radial.

4

Un papá que es un instructor

Instruye al niño en su camino,
y aun cuando fuere viejo no se apartará de él.

PROVERBIOS 22:6

Que ningún padre cristiano caiga en la ilusión de que la escuela dominical tiene el propósito de aliviarlo de sus deberes personales. La primera y más natural condición de las cosas es que los padres cristianos
instruyan a sus propios hijos en la disciplina y amonestación del Señor.[1]

C. H. SPURGEON

Greg y Margaret estaban sentados juntos y tomados de la
mano mientras escuchaban a Bill, el maestro de la clase de
escuela dominical para jóvenes casados (así como el mentor de
Greg). Bill estaba dirigiendo a las parejas en el estudio de la epístola a los Efesios. Era un gran maestro, y Greg se sentía honrado
porque Bill había aceptado ayudarlo en su discipulado.

Mientras Bill enseñaba, Greg no podía dejar de pensar: *No
hay manera de que yo pueda pararme ahí y dar una clase como esta.*
Solo la idea de hablar delante de los demás hacía que a Greg se
le secara la boca. Se imaginaba que si le pidieran enseñar, eso lo
convertiría en un candidato para el pabellón cardíaco en el hospital donde acababa de nacer la pequeña Mary Lou.

Greg sabía que él no era un maestro, y eso le preocupa mucho.

---

1. C. H. Spurgeon, *Come Ye Children* (London: Passmore & Alabaster, 1897), comienzo
del capítulo 8.

Porque hacía tan solo unas semanas que había leído que Deuteronomio 6:7 pedía que los padres enseñaran a sus hijos la Palabra
de Dios con diligencia. Al principio, cuando leyó esas palabras,
se había emocionado al pensar en recitar versículos de la Biblia
a la pequeña Mary Lou mientras ella se encontraba en su regazo
como una bebé… y luego más tarde, hablar con ella sobre esos
versículos durante su niñez, y después en su adolescencia.

Sin embargo, cuando se dio cuenta de que eso significaba ser
un maestro, se puso nervioso. De hecho, una sensación de males-
tar se apoderó de él cada vez que escuchaba la palabra enseñar.
Es cierto que Mary Lou tenía solo seis semanas de edad y había
mucho tiempo para que Greg se preparara para este nuevo papel.
Pero aun así… ¿enseñar? No estaba seguro de que sería capaz de
hacerlo.

Greg se hizo una nota mental para hablar con Bill sobre ese
sentimiento de inquietud durante su próximo período de sesiones
de discipulado.

Enseñar frente a instruir

¿Te has preguntado alguna vez cuál es la diferencia entre enseñar e instruir? Greg estaba convencido de que él no estaba hecho
para enseñar, pero durante su próxima reunión de discipulado,
Bill no lo dejó que se escapara. Bill explicó a Greg que los papás
todavía tienen que comunicar las verdades de Dios a sus hijos,
incluso si ellos no se sienten como si fueran buenos maestros.
Entonces Bill pasó a compartir con Greg la diferencia entre enseñar e instruir.

La enseñanza y la instrucción son aspectos importantes del
proceso de impartir información a los demás, pero cada aspecto
tiene sus diferencias sutiles. Sigue esta exposición y visualiza
cómo cada paso en el proceso (enseñar e instruir) puede y debe
ser utilizado en el desarrollo de tus hijos.

—La *enseñanza* se lleva a cabo sobre todo en el salón de
clase, mientras que la *instrucción* se hace a menudo en el
laboratorio o taller o en el trabajo.

—La *enseñanza* tiende a enfatizar la teoría, mientras que
la *instrucción*, por lo general, implica la práctica.

—La *enseñanza*, en general, proporciona el conocimiento, mientras que la *instrucción* ayuda a aplicar ese conocimiento.

—La *enseñanza* habla de herramientas y técnicas, mientras que la *instrucción* lleva a usar de forma práctica esas herramientas y técnicas.

—La *enseñanza* llena la mente, mientras que la *instrucción* forma los hábitos.

—La *enseñanza*, por lo general, tiene un valor más inmediato, mientras que la *instrucción* tiende a ofrecer un valor más a largo plazo.

—La *enseñanza* suele ocuparse de la información general, mientras que la *instrucción* se centra más en lo específico.

Benjamín Franklin resumió las diferencias entre enseñanza e instrucción de esta manera. He añadido las palabras dentro de los corchetes para ayudar a darle claridad:

Dime y lo olvido.
Enséñame y lo recuerdo.
Involúcrame [instrúyeme] y lo aprendo.[2]

La instrucción desde la perspectiva del libro de Proverbios

Siendo un mentor sabio, Bill estaba listo para las preguntas de Greg sobre enseñar a sus hijos las verdades cristianas. Bill explicó: "El libro de Proverbios puede ser un poco confuso con sus muchas declaraciones que tratan diferentes temas. Es útil ver Proverbios más bien como un manual de instrucción que un programa de enseñanza. Básicamente, Dios le dio al rey Salomón y a otros la sabiduría para escribir el libro de Proverbios con el fin de dar a su pueblo una guía de instrucción para una vida inteligente. Si tú y yo aplicáramos con constancia los consejos prácticos que encontramos en Proverbios, experimentaríamos un gran crecimiento espiritual".

Bill prosiguió diciendo: "Toma Proverbios 22:6, por ejemplo. Este es quizá el versículo más conocido de Proverbios sobre

---

2. Atribuido a Benjamin Franklin, pero la fuente es desconocida.

la instrucción del niño". Lo que Bill estaba compartiendo iba dirigido a la preocupación de Greg sobre todo el asunto de la "enseñanza" de la Biblia a su hija. Bill continuó: "Proverbios 22:6 declara un concepto: provee al niño la dirección para el camino que debe seguir. Esto implica que, como papá, tienes la responsabilidad de tu hija, y otros niños que tú y Margaret puedan tener".

Esto definitivamente no era lo que Greg había deseado escuchar, pues tenía la esperanza de que, de alguna manera, se libraría de tener que enseñar.

Más tarde esa noche en su casa, mientras Greg revisaba sus notas de la reunión y reflexionaba sobre lo que Bill había dicho, todavía podía oír (en su mente) la voz de Bill explicando Proverbios 22:6: "Instruye al niño". Se supone que la palabra "tú" está implícita o entendida en este versículo. Tú debes instruir a tus hijos. Y, desde una perspectiva bíblica e histórica, el padre siempre ha sido el instructor o ha supervisado la enseñanza de los niños en la familia. Pero esto no quiere decir que otros no puedan participar, como las madres y los maestros de escuela dominical. Así que, sí, tú tienes que instruir a tus hijos, para enseñarles a vivir la vida cristiana. Pero no hay necesidad de ver esta responsabilidad como una iniciativa unipersonal. Dios ha dado a los padres muchos recursos para ayudarles en el proceso de la instrucción".

Hemos visto las sutiles diferencias entre la enseñanza y la instrucción tal como se aplica a las prácticas de hoy, pero en el texto hebreo original de Proverbios 22:6, la palabra significa "dedicar", como en la dedicación de una casa. Una casa dedicada quedaba apartada para un uso particular de una familia específica. También podría incluir la idea de estrechar o delimitar. Se podría decir que, de acuerdo con estos diferentes significados en hebreo de la palabra "instruir", tú y otros que enseñan junto a ti están trabajando para encaminar la conducta de tu hijo en una dirección determinada. ¿Y qué dirección es esa? Debes dirigir a tu hijo para alejarlo del mal y encaminarlo al bien, es decir, guiar al niño "por el camino correcto".

Luego viene el resultado: "Y aun cuando fuere viejo no se apartará de él". ¿A qué hace referencia "él"? A la dirección hacia Dios, hacia la sabiduría. Estos dos destinos están unidos como se afirma en Proverbios 9:10: "El temor de Jehová es el principio de la sabiduría".

Se espera que tú como padre estés instruyendo activamente a tus hijos todos los días a amar a Dios y caminar en su sabiduría. Es un hecho establecido que la instrucción temprana normalmente resulta en hábitos para toda la vida. Por tanto, nunca es demasiado temprano para empezar. Y me gustaría hacer hincapié en que nunca es tampoco demasiado tarde.

Muchos padres quedan a menudo confundidos y amargados cuando sus hijos crecen y parece que se alejan de la forma en que fueron instruidos. Pero recuerda tu papel: como padre, tienes el encargo y se espera que enseñes fielmente e instruyas a tus hijos en la Palabra de Dios y los dirijas hacia la sabiduría de Dios. Esto lo haces mediante la enseñanza y con una disciplina constante y amorosa durante todo el tiempo que el hijo está en el hogar. Y cuando tus hijos se van de casa, debes ponerlos en el altar de la gracia de Dios.

El campo de instrucción: la iglesia

Greg continuó reflexionando en lo que Bill le había dicho. En un momento dado, Bill se había detenido momentáneamente y había dicho: "Greg, ¿te sientes un poco abrumado con lo que Dios te pide como padre? En realidad, en cierto sentido, debes estar impresionado por la tarea que Dios te ha dado; pero, como voy a seguir recordándote, Dios te ha dado mucho apoyo y ayuda para el proceso de instrucción de tus hijos".

Bill entonces había señalado que el hogar familiar es uno de los dos lugares importantes donde la enseñanza y la formación han de tener lugar. "El hogar es el lugar lógico y natural donde los niños adquieren la sabiduría. Y el otro lugar importante es tu iglesia".

"Si la iglesia es tan importante", preguntó Greg, "¿por qué los padres, y sobre todo los papás, tratan la iglesia como algo opcional?". Bill había escuchado esa pregunta antes e incluso se la había hecho a sí mismo a menudo. Él comentó: "Es increíble la cantidad de excusas que la gente puede inventar cuando no quieren hacer algo, ¿no es cierto? Por desgracia, los papás van a la cabeza en cuanto a las excusas sobre cómo la familia usa los domingos".

Estas son algunas de las excusas que los papás suelen dar para no ir al templo:

Excusa #1: "La iglesia no es tan importante".
Algunos papás ven la asistencia a la iglesia como algo opcional. No valoran su importancia en la vida, y sobre todo en el desarrollo espiritual de sus hijos. Estos mismos papás tampoco ven la importancia de la iglesia para su propia condición espiritual. Esto nos lleva de vuelta a su temperatura espiritual. Si el papá ve a la iglesia como un lugar importante para su propia formación espiritual, lo va a querer también para su familia.

Algunos papás pueden ver el templo solo como un lugar para pasar el rato el domingo si no tienen otra cosa que hacer, o un lugar para ir cuando el clima es demasiado húmedo o frío para jugar al golf o ir de camping.

Pero una iglesia no es un lugar o un edificio. Una iglesia se compone de personas que el apóstol Pedro describe como "piedras vivas, [que están siendo] edificados como casa espiritual y sacerdocio santo, para ofrecer sacrificios espirituales aceptables a Dios por medio de Jesucristo" (1 P. 2:5).

Excusa #2: "Los domingos es el único día que tenemos para estar todos juntos como familia en el hogar".
Es cierto que el domingo es una oportunidad para que la familia se relaje en casa sin las presiones del trabajo y la escuela. Pero si algo es importante, debería merecer la pena el tiempo y esfuerzo. Sin duda, la iglesia es importante para mi yerno Pablo, que trabaja como segundo al mando de un submarino nuclear. Pablo sale de su casa a las 5:00 de la mañana y muchos días no regresa hasta las 8:00 o 9:00 de la noche. Sin embargo, el único día en que está libre de sus jornadas agotadoras de 16 horas al día y seis días a la semana, lleva a su familia al templo, comenzando con dos adolescentes que deben llegar allí a las 6:30 de la mañana para ensayar con el grupo de alabanza.

> Si el papá ve a la iglesia como un lugar importante para su propia formación espiritual, lo va a querer también para su familia.

Si quieres que Cristo sea el fundamento de tu familia, la iglesia tiene que ser una prioridad. Permite que Cristo te proporcione la iglesia como el pegamento que mantiene unida a tu familia. No prives a tus hijos de la interacción con otros cristianos y de participar en el ministerio del Espíritu de Cristo a través de predicadores, maestros y líderes juveniles dotados. Dedica un tiempo en la mañana para estar con el pueblo de Dios. Todavía tienes el resto del día para disfrutarlo con tu familia.

Excusa #3: "Yo trabajo los domingos".

Tal vez no haya nada que puedas hacer acerca de tu horario de trabajo. Pero a veces la gente tiene la posibilidad de hablar con su jefe y llegar a un arreglo que les permita ir al templo en la mañana y recuperar su trabajo ese mismo día u otro día. Inténtalo. Investiga si puedes cambiar el día con alguien a fin de que puedas tener los domingos libres, y ver qué pasa. Y si no puedes tener libre la mañana del domingo, muchas iglesias tienen un servicio por la tarde, o incluso un servicio de noche entre semana que ofrece clases y actividades para los niños.

Excusa #4: "El domingo es cuando nuestros hijos tienen sus partidos de fútbol".

El peligro de esta excusa es que comunica que un juego como el fútbol o el béisbol o el baloncesto es más importante que aprender acerca de Jesús y crecer espiritualmente. Cuando inscribas a tus hijos para un deporte o actividad, verifica si eso va a privarlos de ir al templo como familia. Ese tipo de decisión es algo serio que, en última instancia, puede tener consecuencias eternas. Escucha lo que Jesús dice acerca de su preocupación por los niños: "Dejad a los niños venir a mí, y no se lo impidáis; porque de los tales es el reino de los cielos" (Mt. 19:14).

Jesús estaba interesado en el bienestar espiritual de tus hijos, incluso si tú no lo estás. Sí, hay ciertos beneficios que el deporte puede ofrecer a sus hijos; pero los beneficios mucho mayores (los de toda la vida y los eternos) los encontrarás en la iglesia. Así que haz un esfuerzo para involucrarte en actividades deportivas que no te obliguen a sacrificar ir al templo, donde tus hijos pueden aprender acerca del amor de Dios y su deseo de que sean salvos.

Excusa #5: "A mis hijos no les gusta el grupo de jóvenes. No sienten que sean parte del grupo".

Esa excusa es un poco como transigir con un niño al que no le gustan los medicamentos. Dices a tu hijo: "Bueno, está bien, no tienes que tomar el medicamento a pesar de que te ayudará a ponerte bien". Eso suena un poco tonto, ¿no es así? No dejes que tus hijos salgan con una excusa para no ir a al templo o participar con otros niños en la vida de la iglesia. Rétalos a que den al grupo de jóvenes una oportunidad. Ve tú mismo a su clase como observador. Únete al grupo como uno de los ayudantes adultos. Anima a tus hijos a llevar con ellos a un amigo o dos. Haz lo que sea necesario para que el grupo de jóvenes sea un éxito.

Excusa #6: "Tenemos temor de que nuestro pequeño pueda contagiarse de una enfermedad de los otros niños".

En general, esto es más bien la preocupación de una madre. Pero si surge, ten en cuenta que la mayoría de las iglesias hoy son muy serias en cuanto al cuidado de la salud de los niños y limpian cuidadosamente la guardería y los cuartos de los niños. Puedes preguntar qué está haciendo tu iglesia. También puedes ayudar como voluntario para ser uno de los que hacen la desinfección. Y si todavía no estás seguro, tal vez puedes llevar a tus hijos al culto de adoración contigo, o sentarte en algún lugar apropiado si tu iglesia tiene uno. Haz lo que puedas, y no te olvides de confiar el cuidado y la salud de tus hijos en manos de su amoroso Padre celestial.

Excusa #7: "Mis hijos van a una escuela cristiana. Allí reciben todo lo que necesitan".

El razonamiento en este caso es que a los padres les preocupa que sus hijitos estén expuestos a la religión todo el tiempo. Piensan que sus hijos necesitan un descanso de "tanta cosa de iglesia". Es cierto que las escuelas cristianas proporcionan un ambiente excelente y seguro que, por lo general, se centra en las creencias religiosas. Pero la Biblia no ordena la asistencia a las escuelas cristianas, pero sí que asistamos a la iglesia. Nos dice claramente: "Y considerémonos unos a otros para estimularnos al amor y a las buenas obras; no dejando de congregarnos, como algunos tienen por costumbre, sino exhortándonos" (He. 10:24-25).

Además, la función de una escuela cristiana es diferente de la de una iglesia. En la escuela, tus hijos están recibiendo educación; pero en la iglesia, están adorando a Dios, aprendiendo de su Palabra, y recibiendo el aliento espiritual de otros adultos y niños cristianos.

¿Por qué es importante la iglesia?

Después de que Bill explicó a Greg las diversas excusas, habló con él sobre por qué la iglesia es un lugar de instrucción tan vital para la vida espiritual de la familia. Le dio cinco razones:

Razón #1: La iglesia es un lugar donde vas a aprender sobre lo que es de verdad importante en la vida. Y cada vez que vas al templo, estás comunicando que valoras lo que la iglesia tiene para ofrecer. Si tú eres descuidado, irregular e inconstante en su asistencia a la iglesia, eso dice mucho a tus hijos. Si la iglesia no es tan importante para ti, ¿por qué debería ser importante para ellos?

Razón #2: La iglesia es un lugar donde tu familia oye la predicación y la enseñanza de la Palabra de Dios. Dios ha dado a la iglesia hombres con dones para comunicar las verdades de las Escrituras a la gente. Los mensajes de un pastor y la instrucción de un maestro pueden ayudarte a ti y a tu familia a crecer en la comprensión de la Biblia.

Razón #3: La iglesia es un lugar donde las personas de ideas afines pueden unirse en la adoración unificada (1 Ti. 2:8-12). Adorar a Dios es más que decir una oración en torno a una fogata en un viaje de camping familiar que se usa como sustituto de la adoración en el templo. Adorar con otros te fortalece cuando te apartas del mundo por un tiempo y lo dedicas a centrarte en Dios con otros creyentes. Tú y tu familia necesitan esa influencia semanal del culto unificado y de compañerismo, porque eso los fortalece y anima espiritualmente.

Razón #4: La iglesia es un lugar donde tú, tu esposa y tus hijos tienen la oportunidad de servir a los demás. Como cristiano, tienes dones y habilidades espirituales (1 Co. 12:7) que los has recibido para usarlos en la edificación de otros miembros de la Iglesia, el cuerpo de Cristo. Cuando tus hijos te vean servir a otros, van a empezar a entender la importancia de ministrar y desearán hacer lo mismo.

Razón #5: La iglesia es un lugar donde tus hijos pueden conocer a otros niños y jóvenes cristianos y relacionarse con ellos. Esa amistad con los creyentes fortalecerá y sostendrá a tus hijos cuando estén expuestos a un mundo de incredulidad fuera de la iglesia. Se darán cuenta de que no son solo su mamá y papá los que están comprometidos y dedicados a Cristo, sino también otros niños de su misma edad.

¡Papá, tú puedes hacerlo!

He estado leyendo un libro sobre la Compañía "Easy", una parte del 506.° Regimiento de Infantería Paracaidista de la 101.ª División Aerotransportada del Ejército de Estados Unidos. El libro se titula *Hermanos de sangre*, y fue escrito por Stephen E. Ambrose. La idea de formar un grupo de combate de élite como los Rangers del Ejército o los SEAL de la Marina no existió antes de la Segunda Guerra Mundial. Pero a medida que los líderes militares de alto rango comenzaron a planear la invasión de Europa, se les ocurrió la idea de formar estos grupos. Fueron llamados unidades aerotransportadas. Estas unidades estaban compuestas de reclutas que se ofrecían como voluntarios para unirse para un propósito especial, y al final se convirtieron en uno de los mejores grupos de soldados que los Estados Unidos jamás han formado.

¿Qué hizo que este grupo de hombres, esta banda de hermanos, fuera tan eficaz? En dos palabras: la instrucción. Desde el momento de su alistamiento hasta que fueron lanzados tras las líneas enemigas en Francia el Día D menos uno, habían pasado casi todos los días durante meses preparándose para esa acción.

¿Qué tiene que ver esto contigo y tus hijos? Creo que sabes la respuesta. Los comandantes que formaron el 506.° Regimiento de Infantería Paracaidista sabían lo que se necesitaba para luchar y sobrevivir, por lo que dieron a estos hombres la instrucción que necesitaban para prepararlos para las batallas que enfrentarían.

Tú, al igual que los jefes paracaidistas, sabes lo que tus hijos enfrentarán y tendrán que lidiar fuera de casa. También sabes que sin la instrucción y la formación y adecuadas, tus hijos están en peligro. Todo depende de ti, como su padre. Tienes que hacer lo que puedas para prepararlos para las batallas que enfrentarán.

Este capítulo ha sido acerca de la importancia de tu iglesia como centro de instrucción básico para tus hijos. Forma un equipo con tu Iglesia (un recurso de Dios) para dar a tus hijos la sabiduría para hacer frente a las batallas de la vida y la guerra espiritual.

Pequeños pasos que hacen una gran diferencia

1. *Haz de ir a la iglesia una prioridad en tu vida.* Comienza por ver la iglesia como un lugar especial y único al que vas para adorar con otros creyentes. Un lugar en el que se enseña la Palabra de Dios. Un lugar donde se puede madurar espiritualmente y servir a los demás.

2. *Haz de ir a la iglesia una prioridad para tu familia.* Si la iglesia es una prioridad para ti, tu familia va a seguir tu liderazgo. Si tú estás entusiasmado con la Iglesia, ellos también van a estarlo.

3. *Procura hablar acerca de la iglesia.* Tú hablas de lo que es importante para ti. Si toda la semana estás hablando de la iglesia y muestras entusiasmo, tu familia también va a entusiasmarse. Toma notas durante el sermón de tu pastor y repasa esas notas con su esposa e hijos durante la cena del domingo.

4. *Asegúrate de que tú y tu familia estén involucrados en la iglesia de forma razonable.* Asiste al grupo de los hombres el sábado. Anima a tu esposa para unirse a un estudio bíblico para mujeres. Procura que tus hijos se integren en los grupos de jóvenes, las actividades y los campamentos.

La mejor manera de instruir a un
niño en el camino que debe seguir
es yendo tú mismo por ese camino de vez en cuando.

Autor desconocido

5

Un papá que es un entrenador

Ciertamente el obedecer es mejor que los sacrificios.

1 Samuel 15:22

El secreto de la disciplina es la motivación.
Cuando un hombre está suficientemente motivado,
la disciplina se cumplirá por sí misma.[1]

Sir Alexander Paterson

El plan para la reunión de discipulado de esta semana entre Greg y Bill era repasar juntos los fundamentos de la fe cristiana. Greg estaba de acuerdo en que una buena base para cualquier cosa empezaba con lo básico: uno más uno, el ABC, ese tipo de cosas. Cuando comenzó la reunión, Greg no pudo evitar pensar de inmediato en sus días de entrenamiento básico en el Ejército.

—Bill —preguntó Greg—, ¿te acuerdas del nombre de tu sargento instructor en el campo de entrenamiento de la Marina?

—Oh, sí. ¿Estás bromeando? ¡Nunca lo olvidaré! —exclamó Bill—. Se llamaba Bob Osterman, un sargento de artillería. Vaya que fue duro con nosotros. Fue muy exigente e hizo pasar a mi pelotón de entrenamiento por tres meses de tortura absoluta. Pero al final, fuimos el mejor pelotón en ese ciclo de entrenamiento. Anotamos lo más alto en aptitud física y sacamos las calificaciones más altas en el campo de tiro. Él, sin duda, nos preparó para lo que teníamos que enfrentar en Afganistán.

---

1. Sir Alexander Paterson, como se cita en Albert M. Wells, Jr., ed., *Inspiring Quotations, Contemporary and Classical* (Nashville, TN: Thomas Nelson, 1988), p. 58.

A continuación, Greg compartió con Bill sus propios recuerdos sobre su sargento. Luego se rieron juntos mientras comentaban sobre qué rama de las Fuerzas Armadas era la mejor y cuál de ellas tenía los instructores más duros.

Aceptar otra misión

Hoy llegamos a una nueva tarea en tu misión de ser un papá conforme al corazón de Dios. Añadiremos el papel de "sargento" o entrenador. Al igual que Greg y Bill, yo tengo recuerdos similares de mi instructor en el entrenamiento básico. Los que son elegidos para convertirse en sargentos de instrucción se les da esa tarea porque son serios, bien formados y se han curtido en la batalla. Su trabajo consiste en tomar a un recluta y convertirlo en un soldado en unos pocos meses. Cuanto más duros son con los reclutas en el campo de entrenamiento, tanto más probable es que el soldado sobreviva en el campo de batalla.

Tal vez estés pensando que en el ejército, los sargentos de entrenamiento no siempre son gente agradable; pero no están para ganar un concurso de popularidad. Su tarea consiste en entrenar para sobrevivir en la batalla. Al examinar su ejemplo, ten en cuenta que yo *no* estoy pidiendo que imites su dureza. Más bien, te estoy animando a emular su tenacidad en la preparación de soldados (en tu caso, tus hijos) para sobrevivir en el campo de batalla de la vida.

Como papá, una de tus tareas es tomar a un recluta en bruto (tu hijo o hija) y convertirlo en un hombre o una mujer que sea fiel en su amor a Dios y, a la vez, capacite a una nueva generación para seguir al Señor.

Además, mientras que un sargento de instrucción tiene en sus manos a un recluta solo durante dos o tres meses, tú tienes a tus hijos durante unos 20 años. Y tienes la posibilidad de entrenarlos y capacitarlos todos los días. Debido a que Dios te da muchos años para educarlos, tienes muchas oportunidades de influir sobre ellos y formarlos en todos los ámbitos de la vida. Así que bienvenido al rango de los sargentos de entrenamiento de Dios.

¿Cuál es el propósito del tiempo que dedicas a la formación y entrenamiento de tus hijos? Es, ante todo, para ayudarlos a desarrollar un corazón que sigue a Dios, y que se deleita en ser sensible a Él y sus mandamientos. Tu meta es fomentar en ellos un corazón obediente.

Sabes muy bien que, incluso desde una edad temprana, el espíritu humano quiere rebelarse contra la autoridad, especialmente la autoridad de Dios. Como dice el chiste que a veces se cuenta: "La primera palabra que dijo mi hijo fue *no*". Así que no lo tomes como algo personal cuando tus hijos dicen no, incluso decenas de veces al día.

Tu reto es formar, con paciencia y firmeza, el corazón de tus hijos para que deseen obedecer a diferentes tipos de autoridad. Obedecer a Dios es lo primero en la lista. Obedecer a sus padres viene a continuación y luego a los maestros en la escuela, y las normas y leyes, en general, siguen después.

Dos clases de corazón

Si has leído alguno de mis libros con la frase *conforme al corazón de Dios²* en el título, sabes que esa frase viene de Hechos 13:22, donde Dios dio este testimonio acerca del joven David: "He hallado a David hijo de Isaí, varón conforme a mi corazón, quien hará todo lo que yo quiero". Este comentario aparece en agudo contraste con el carácter de Saúl, que en ese entonces era el rey de Israel. Estos dos hombres tenían dos tipos diferentes de corazón.

David tenía un corazón obediente. Con el tiempo y la ayuda de Dios, David siempre respondió al Señor Dios con un corazón obediente para hacer lo que era correcto (2 S. 12:13; 24:10). Anhelaba seguir a Dios y hacer su voluntad. Él dijo: "Crea en mí, oh Dios, un corazón limpio y renueva un espíritu recto dentro de mí" (Sal. 51:10).

Saúl, sin embargo, tenía un corazón egoísta. No estaba interesado en hacer la voluntad de Dios, sino que quería hacer las cosas a su manera. Eso quedó bien claro cuando no llevó a cabo las instrucciones exactas que Dios le había dado acerca de la destrucción de todos los amalecitas y sus posesiones. El mandato era

---

2. *Un hombre conforme al corazón de Dios* (Grand Rapids, MI: Editorial Portavoz, 2004); *Un esposo conforme al corazón de Dios* (Grand Rapids, MI: Editorial Portavoz, 2004); *Un joven conforme al corazón de Dios* (Grand Rapids, MI: Editorial Portavoz, 2010); *Un líder conforme al corazón de Dios* (Grand Rapids, MI: Editorial Portavoz, 2013).

firme y no permitía excepciones. En su lugar, Saúl perdonó al rey amalecita Agag, y permitió que los israelitas tomaran lo mejor del botín de su victoria sobre los amalecitas, incluido "lo mejor de las ovejas y del ganado mayor, de los animales engordados, de los carneros y de todo lo bueno" (1 S. 15:9). Cuando Samuel llegó a la escena, Saúl afirmó que había seguido las instrucciones de Dios. Pero Samuel podía oír las ovejas y los bueyes que habían tomado de los amalecitas, y le preguntó a Saúl: "¿Pues qué balido de ovejas… es este que yo oigo con mis oídos?" (v. 14). Saúl trató de justificar y excusar su desobediencia, pero la verdadera naturaleza de su corazón había quedado manifestada. Dios no estaba interesado en sus excusas. Esto es lo que Samuel dijo que Dios deseaba:

> Y Samuel dijo: ¿Se complace Jehová tanto en los holocaustos y víctimas, como en que se obedezca a las palabras de Jehová? Ciertamente el obedecer es mejor que los sacrificios, y el prestar atención que la grosura de los carneros. Porque como pecado de adivinación es la rebelión, y como ídolos e idolatría la obstinación. Por cuanto tú desechaste la palabra de Jehová, él también te ha desechado para que no seas rey (1 S. 15:22-23).

Dios les dio a Saúl y David la misma oportunidad para dirigir la nación de Israel. Pero al final, caminaron por dos caminos diferentes. David se acercó a Dios, y Saúl se alejó de Dios.

El entrenamiento exitoso comienza contigo

Confiemos en que sigues concentrándote en tu primera misión como un papá que quiere criar a sus hijos conforme al corazón de Dios. Esta consiste en someterte tú mismo al entrenamiento. Mi sargento no me pidió a mí nada que él no hubiera hecho y practicado antes y que no estuviera dispuesto a hacer de nuevo. De hecho, a pesar de que quizá era 30 años mayor que cualquier recluta, él cumplió con todo el entrenamiento mejor que nosotros.

Tus hijos necesitan que les des un ejemplo del amor a Dios y el deseo de seguir su voluntad. ¿Dónde van a ver el carácter de Dios de manera cercana, personal y cotidiana si no en ti? Así que un paso importante para ayudar a tus hijos a desarrollar un corazón de obediencia es dejar que vean la obediencia vivida por ti. Esa es tu instrucción pasiva: enseñar mediante el ejemplo.

Dios sabe que necesitamos conocer nuestras limitaciones y fronteras. Por esa razón nos dio su Palabra. Obviamente, la Biblia establece las normas superiores para nuestra conducta: "Toda la Escritura es inspirada por Dios, y útil para enseñar, para redargüir, para corregir, para instruir en justicia" (2 Ti. 3:16). Por eso criar a los hijos conforme al corazón de Dios comienza con tu corazón de obediencia.

> Un hijo obediente aprende del ejemplo de un papá obediente, un papá que sigue la Palabra de Dios.

¿Cómo puede un hijo aprender la obediencia de un padre desobediente? No es posible. Un hijo obediente aprende del ejemplo de un papá obediente, un papá que sigue la Palabra de Dios.

Áreas que requieren disciplina

Sé que el concepto de la disciplina no es hoy muy aceptable socialmente. Y es cierto que parte de esa preocupación está justificada porque hay mucho maltrato infantil. Pero estamos hablando de una disciplina basada en el *amor* por el niño y *respeto* por el patrón de Dios para tratar con nosotros. El modelo de Dios no se basa en la ira ni la mala intención. Esto es lo que Dios dice acerca de la disciplina, a partir de Proverbios 3:11-12:

> No menosprecies, hijo mío, el castigo de Jehová,
> Ni te fatigues de su corrección;
> Porque Jehová al que ama castiga,
> Como el padre al hijo a quien quiere.

El escritor de Hebreos también habla de la disciplina del Señor:

> Y habéis ya olvidado la exhortación que como a hijos se os dirige, diciendo: Hijo mío, no menosprecies la disciplina del Señor, ni desmayes cuando eres reprendido por él; porque el Señor al que ama,

disciplina, y azota a todo el que recibe por hijo. Si soportáis la disciplina, Dios os trata como a hijos; porque ¿qué hijo es aquel a quien el padre no disciplina? (He. 12:5-7).

¿Qué produce la disciplina? El escritor de Hebreos nos da esta respuesta: "Es verdad que ninguna disciplina al presente parece ser causa de gozo, sino de tristeza; pero después da fruto apacible de justicia a los que en ella han sido ejercitados" (He. 12:11).

Dios te está pidiendo a ti, como papá, como entrenador cristiano, que disciplines a tus hijos con cuidado amoroso, como puedes ver en estos dos versículos:

Padres, no provoquéis a ira a vuestros hijos (Ef. 6:4).

Padres, no exasperéis a vuestros hijos, para que no se desalienten (Col. 3:21).

En los dos versículos anteriores, el apóstol Pablo advierte a los padres que no tengan exigencias irrazonables ni apliquen una disciplina severa que podrían llevar a sus hijos a la ira, la desesperación y el resentimiento. Eso no sucede cuando un padre anda en el Espíritu y muestra amor y dominio propio.

Ahora bien, ¿cuál es el mejor lugar para formar a tus hijos?

Un campo de entrenamiento llamado *hogar*

Tu hogar se convierte en un "centro de formación" perfecto para preparar a tus hijos y que se conviertan en un hombre o una mujer fieles a Dios. Y para facilitar el entrenamiento, Dios ha dado un mandato específico para que se lo enseñes a ellos: "Honra a tu padre y a tu madre" (Ef. 6:2). ¡Eso es todo! Por eso la obediencia empieza en el hogar. Si tus hijos aprenden ese mandamiento, están en el camino correcto para convertirse no solo en hijos conforme al corazón de Dios, sino para llegar a ser un día un hombre o una mujer conforme al corazón de Dios.

¿Te suena este versículo un poco interesado? Tal vez sí. Pero Dios sabe que si tus hijos pueden aprender en el hogar la obediencia a ti y a su madre, van a ser más sensibles a ser obedientes y sumisos a Dios, a su Palabra, a las leyes de la tierra, y a las autoridades en la escuela y en la sociedad.

La obediencia en acción

Tus hijos tienen un mandamiento ("honra"), pero tienen que ser entrenados con el fin de hacer de la obediencia un elemento clave de lo que son como hijos tuyos e hijos del Rey. Y esta es la parte difícil: tú como padre tienes el mandato de parte de Dios de disciplinar y corregir a tus hijos para que aprendan obediencia. (No puedo repetirlo lo suficiente, pero con todo el maltrato infantil que es tan frecuente hoy, estos mandamientos bíblicos referentes a la disciplina no son muy "políticamente correctos". Pero si estás caminando en el Espíritu de Dios, aplicarás la disciplina en una forma adecuada y amorosa).

Veamos algo más de lo que la Palabra de Dios dice:

> El que detiene el castigo, a su hijo aborrece; mas el que lo ama, desde temprano lo corrige (Pr. 13:24).

> Castiga a tu hijo en tanto que hay esperanza; mas no se apresure tu alma para destruirlo (Pr. 19:18).

> La necedad está ligada en el corazón del muchacho; mas la vara de la corrección la alejará de él (Pr. 22:15).

> No rehúses corregir al muchacho; porque si lo castigas con vara, no morirá. Lo castigarás con vara, y librarás su alma del Seol (Pr. 23:13-14).

> Corrige a tu hijo, y te dará descanso, y dará alegría a tu alma (Pr. 29:17).

Ningún sargento aceptaría que un soldado de su unidad no lo escuche y no haga inmediatamente lo que él dice. De la misma manera, tus hijos tienen que seguir tus reglas. Esa es la razón por la que Palabra de Dios dice que tienes que aplicar disciplina en el proceso de crianza de tus hijos.

Pero lamentablemente, por una serie de razones, la disciplina es un concepto que muchos papás tienen dificultades en captar o aplicar. Mira si puedes verte a ti mismo en cualquiera de las razones que se enumeran a continuación. ¿Qué excusas se aplican a ti? Con eso en mente, ponte una meta para hacer cambios.

10 razones por las que los papás no disciplinan

1. Tengo miedo del estigma cultural que hay hoy contra la disciplina.
2. No puedo soportar la idea de causar dolor. Hay otras maneras de conseguir lo mismo del niño.
3. Es suficiente con simplemente tratar de razonar con el niño. Por tanto, no hay necesidad de aplicar disciplina física. Si uno le da tiempo, el niño tarde o temprano reaccionará y responderá de manera positiva.
4. Los niños son básicamente buenos y saldrán por sí mismos de su rebeldía. Solo hay que tener paciencia y darles tiempo.
5. La disciplina es de bárbaros y suena a pensamiento de la Edad Media.
6. Mi esposa y yo no nos ponemos de acuerdo en cómo disciplinar, así que no lo hacemos. Confío en que, al final, todo resulte bien.
7. No sé cómo disciplinar. Tengo temor de hacerlo mal y dañar el estado mental de mi pequeño.
8. La confrontación no es lo mío. Voy a dejar a mi esposa y a los maestros de la escuela lidiar con las cuestiones de comportamiento de mis hijos.
9. No estoy seguro de que estoy de acuerdo o que entiendo lo que la Biblia dice sobre este asunto de la disciplina.
10. Estoy muy ocupado como para preocuparme de los niños. Voy a dejar a mi esposa ocuparse de la disciplina. Ella sabe hacerlo mejor que yo.

Establece metas para cada hijo

Una de las primeras cosas que los militares hacen con todos los nuevos reclutas es establecer metas de entrenamiento para ellos cuando entran al cuartel. Se fijan las metas u objetivos de formación, se organiza un horario y se anota el progreso. Cuando Bill y Greg se enrolaron, sus entrenadores establecieron metas de entrenamiento para ellos, y eso mismo también lo hicieron conmigo. Desde el momento en que entré en el Ejército hasta que me retiré como oficial del Ejército de Reserva, también fijé mis propias metas de formación, y también ayudé a otros a establecer las suyas. El Ejército siempre estaba buscando formas de motivar, dirigir y gestionar el progreso de cada soldado. ¿Qué mejor manera de motivar que fomentar el esfuerzo para alcanzar las propias metas?

Así, pues, a menos que puedas pensar en un modelo mejor, ¿por qué no tomar una página del manual de formación de los militares y crear algunas metas alcanzables de formación para cada uno de tus hijos? Esas metas son dinámicas y cambian a medida que cada hijo crece y madura. No puedes anticipar el futuro de tus hijos, pero puedes ayudar a prepararlos para desempeñarse bien y sostenerse a sí mismos.

¡Papá, tú puedes hacerlo!

Dios te ha dado el honor y privilegio (y la responsabilidad) de formar a cada uno de tus hijos. Él cuenta con que hagas tu trabajo, para capacitarlos en el camino que deben seguir. Y tu meta suprema como entrenador es fomentar en tus hijos un corazón que quiera obedecer y agradar a Jesús. Un corazón que desee hacer la voluntad de Dios por amor a Él. Un corazón que busque agradar a Dios, incluso cuando tú no los estés observando.

¿Cómo se hace esto? Aquí tienes un par de mis versículos favoritos de la Biblia para abordar esas tareas o asignaciones que parecen tan intimidantes, o imposibles:

> Como todas las cosas que pertenecen a la vida y a la piedad nos han sido dadas por su divino poder, mediante el conocimiento de aquel que nos llamó por su gloria y excelencia (2 P. 1:3).

> Todo lo puedo en Cristo que me fortalece (Fil. 4:13).

Tú puedes hacerlo, papá. Por la gracia de Dios, tú puedes hacerlo. Tienes la Palabra de Dios, y tienes su sabiduría cuando la pides y la necesitas. Tienes papás mayores en la iglesia que te pasarán con mucho gusto su conocimiento y experiencia. Forma un equipo con tu esposa y cuenta con la ayuda de Dios. Puedes cumplir con tu papel de formar a tus hijos en los caminos del Señor.

Pequeños pasos que hacen una gran diferencia

1. *Comienza con lo básico.* Nunca es demasiado pronto para empezar a preparar a tus hijos para la vida real, y sin duda nunca es tarde para comenzar a entrenarlos en lo básico. Si comienzas cuando ellos son mayores, los retos y tal vez incluso la resistencia pueden aumentar. Pero con persistencia fiel y un corazón lleno de amor, las bendiciones también serán grandes. Anota en tu cuaderno o lista de oración tus metas para cada uno de tus hijos.

2. *Matricúlate en una clase para padres en la iglesia.* Tal vez tú eres como yo era, y no tienes ni idea acerca de cómo ser un padre cristiano. Así que inscríbete en una clase para padres. Aprenderás principios bíblicos para formar a los hijos, principios que son válidos para cualquier época y que te guiarán en mostrar a tus hijos lo que Dios dice acerca de cada área práctica de su existencia. Y siempre puedes leer un libro para padres. ¡Lee muchos libros! Lee algo todos los días de un buen libro para mantenerte en contacto con el tema mientras tú y tu esposa crían hijos desde la infancia hasta la adolescencia. No se pierdan la sabiduría acumulada durante siglos.

3. *Sigue el buen ejemplo de otros.* Piensa en un padre que admiras y descríbelo. ¿Qué es lo que te gusta de su manera de formar a los hijos, o qué es lo que ves que te indica que es un gran padre? Piensa en los padres que conoces e identifica a aquellos que parece que saben lo que hacen. Observa la forma en que tratan a sus hijos. A continuación, haz lo que mi esposa y yo hicimos. Tuvimos un problema con nuestras hijas durante su adolescencia, así que recurrimos a cuatro parejas que habíamos estado observando y les pedimos consejo. Sus respuestas fueron alentadoras, útiles, específicas, y nos dieron dirección. Muchos otros los han precedido en el camino de la formación de hijos. Observa, mira, escucha, y haz preguntas. Y no olvides anotar y guardar lo que te digan. Más que eso, ¡pon en práctica sus consejos!

4. *Sigue haciendo ajustes.* Las cosas cambian. Tú cambias y tus hijos cambian. La composición de la familia cambia. Tal vez te mudes a un nuevo lugar, o te traslades a menudo. O quizás alguien cambie de trabajo. Y, sobre todo, ojalá haya cambios que te hagan un hombre y papá más semejante a Cristo. Así que planea revisar y ajustar tus estrategias de formación con regularidad. Evalúa tu formación y métodos de disciplina a menudo. ¿Qué está funcionando o qué no está funcionando? Ora, y no tengas temor ni demasiado orgullo para buscar consejo si las cosas no van de la manera que te gustaría. Prepárate para hacer ajustes. Hay un montón de ayuda disponible, si estás dispuesto a preguntar. ¿Qué ajustes necesitas hacer hoy?

5. *Disfruta de la experiencia.* Ser padre es una gran tarea, una ocupación de tiempo completo, pero puede y debe ser también divertida. Ser entrenador toma tiempo, esfuerzo y planificación, pero eso no significa que tú y tus hijos no se puedan divertir en el proceso. Asegúrate de planificar mucha diversión.

Haznos dueños de nosotros mismos
a fin de que podamos ser siervos de los demás.[3]
Sɪʀ Aʟᴇxᴀɴᴅᴇʀ Pᴀᴛᴇʀsᴏɴ

3. Sir Alexander Paterson, como se cita en Wells, Jr., ed., *Inspiring Quotations*, p. 58.

6

Un papá que es un intercesor

Pedid, y se os dará; buscad, y hallaréis;
llamad, y se os abrirá.
Porque todo aquel que pide, recibe; y el que busca, halla;
y al que llama, se le abrirá.

MATEO 7:7-8

No puedo ejercer una poderosa influencia para esta-
blecerte como hombre en el mundo, pero elevo a Dios
oraciones incesantes en intercesión secreta.[1]

MERRILL C. TENNEY

"¿Cómo puede ser?", dijo Greg para sí mientras se paseaba por la sala de espera del hospital. Temprano en esa mañana, cuando salía del estacionamiento de su casa, Margaret y la pequeña Mary Lou lo despidieron con una sonrisa en sus rostros. Los últimos seis meses habían sido de gran alegría al haber sido testigos del crecimiento y desarrollo de su primera hija. La vida de Greg había sido maravillosa desde que se casó con Margaret. Ella, con su sólida formación cristiana, había sido una fuente de bendición y fortaleza. Y ahora, con la pequeña Mary Lou agregada a la familia, la vida había sido increíble. Pero luego recibió una llamada de teléfono urgente del hospital.

Greg estaba en una reunión en la oficina cuando le pidieron

---

1. Merrill C. Tenney, como se cita en Paul Lee Tan, *Encyclopedia of 7,700 Illustrations* (Winona Lake, IN: BMH Books, 1979), p. 434.

que saliera y tomara la llamada. Fue entonces cuando se enteró de que Margaret y Mary Lou habían sufrido un grave accidente automovilístico. Al parecer, un conductor ebrio se había saltado una luz roja y chocó contra el auto de Margaret. Tanto la madre como la hija se encontraban en estado crítico en la Unidad de Cuidados Intensivos.

De repente, Greg sintió como si su vida se estuviera deshaciendo a pedazos. Parecía que estaba en peligro de perder todo lo que amaba tanto. Su primera reacción fue la de culpar a alguien… ¡a cualquiera! Incluso quería culpar a Dios. *¿Por qué, Dios, permites que esto suceda a dos seres maravillosos e inocentes como Margaret y mi bebé Mary Lou?*

Sin embargo, Greg rechazó estos pensamientos al recordar las enseñanzas de su mentor sobre la naturaleza de Dios. Podía recordar cada palabra que Bill había dicho: "Las acciones de Dios son siempre para nuestro bien y para su gloria". Luego añadió: "Nosotros no siempre entendemos, por lo que, en última instancia, tenemos que confiar en la bondad y la gracia de Dios". Esas palabras vinieron a la mente de Greg y lo ayudaron a calmar su corazón.

Entonces, ¿qué haría Bill en una situación como esta?, se preguntó Greg. Pensando en sus momentos juntos, recordó que Bill a menudo le reiteró que parte de su función como esposo y papá era orar por su familia e interceder por las necesidades de su esposa e hija. En ese mismo momento, Greg se dejó caer sobre sus rodillas, mientras que otros en la sala de espera del hospital miraban. Con gran intensidad, Greg comenzó a interceder por la vida de su preciosa esposa y su hijita querida.

La intercesión es una función vital para los papás

La mayoría de los hombres son del tipo "hazlo tú mismo". Si se necesita reparar algo, ellos lo arreglan. (Te doy el beneficio de la duda en este caso. Tal vez tu esposa tiene una opinión diferente sobre tu voluntad de tratar de arreglar las cosas por ti mismo). Pero en general, la mayoría de los hombres se sienten autosuficientes, o actúan así, y tienen dificultades para dejar que otros los ayuden. Por ejemplo, a los hombres no les suele gustar pedir direcciones.

Como resultado, muchos hombres (y tal vez sea tu caso) tienen dificultades para depender de Dios (incluso a través de la oración). Esa dependencia va en contra de todas las "reglas de la masculinidad". Pero rechazar la ayuda, especialmente la ayuda de Dios, no tiene sentido. Después de todo, los hombres también son competitivos y quieren ganar. Ellos quieren estar en el equipo ganador.

Así que, ¿por qué no estar en el equipo ganador de Dios? En ese equipo, cuentas con un poder superior. De hecho, el más alto poder en el universo. Tienes un jefe de equipo que posee la sabiduría perfecta y puede darte una orientación totalmente correcta.

Como papá, probablemente ya hayas descubierto que ser padre requiere más de lo que eres capaz de dar. Ahí es donde entra exactamente la oración de intercesión.

El privilegio de un papá

La mayoría de los papás consideran que suplir las necesidades materiales de su familia es un deber importante, si no el principal. La Biblia no habla bien de los que no brindan sustento a su familia cuando dice: "Si alguno no provee para los suyos, y mayormente para los de su casa, ha negado la fe, y es peor que un incrédulo" (1 Ti. 5:8).

La Biblia también nos dice que el padre debe suplir no solo las necesidades materiales de sus hijos, sino también las espirituales. Aquí es donde entra la oración de intercesión. Este tipo de oración es una petición a Dios no solo por uno mismo, sino también por la familia. La Biblia contiene algunos grandes ejemplos de padres que intercedieron por sus hijos:

La intercesión de Job. El libro de Job es considerado por los estudiosos de la Biblia como uno de los más antiguos en la cronología bíblica. Job vivió casi al mismo tiempo que Abraham, y ambos hombres son vistos como grandes jefes del desierto. Como cabeza espiritual y material de su familia, Job vio su papel como protector y mediador de su familia.

Job no solo proveyó para el bienestar material de sus hijos, sino que también intercedió siempre por su bienestar espiritual. Observa las acciones de este padre en nombre de sus hijos: "Job... se levantaba de mañana y ofrecía holocaustos conforme al número de todos ellos. Porque decía Job: Quizá habrán pecado mis hijos, y habrán blasfemado contra Dios en sus corazones" (Job 1:5).

Job se levantaba temprano en la mañana, y sus hijos eran su primera preocupación. No estaba interesado en conseguir mayor ventaja en su trabajo. En cambio, ofrecía holocaustos en caso de que alguno de sus hijos hubiera hecho algo incorrecto. ¿Qué si alguno de ellos hubiera "blasfemado contra Dios" en su corazón? Job oró e intercedió diligentemente a favor de sus hijos. Hacía eso con regularidad, y era su principal prioridad.

La intercesión de Job no era algo que él se acordaba de hacer de vez en cuando por sus hijos; más bien, se trataba de una práctica constante, continua y regular que él veía y tenía como un privilegio.

Intercesión de Abraham. Tal vez hayas leído o escuchado la historia de la Biblia acerca de cómo Abraham le ofreció a su sobrino Lot que eligiera la tierra para sus rebaños. Lot miró hacia el desierto, luego se volvió y vio un valle exuberante, y eligió el valle para su ganado. El único problema era que, a causa de su elección, Lot y su familia tendrían que vivir en estrecho contacto con los malvados habitantes de Sodoma y Gomorra. En este momento, Abraham pudo haberse lavado las manos por la necedad de su codicioso sobrino. Pero eso no fue lo que pasó.

En Génesis 18, Dios fue a visitar a Abraham junto con dos de sus ángeles cuando iban de camino para destruir Sodoma y Gomorra. Abraham comenzó inmediatamente a interceder por Lot y su familia. Le pidió a Dios: "¿Destruirás también al justo con el impío?" (Gn. 18:23).

La intercesión de Abraham tomó la forma de negociación a favor de la familia de su sobrino y de otros justos que vivían en esas dos ciudades. Dios estuvo de acuerdo en librar a la familia de Lot. Tristemente, al final, solo Lot y sus dos hijas salvaron sus vidas (Gn. 18:16-33; 19:23-30).

La intercesión de David. Como un papá, sientes una gran impotencia cuando tus hijos se enferman, especialmente cuando es algo grave. El rey David se enfrentó a esa realidad. Su pequeño hijo del romance con Betsabé, la esposa de otro hombre, estaba gravemente enfermo.

¿Cuál fue la respuesta de David cuando su hijo estaba enfermo? "Entonces David rogó a Dios por el niño; y ayunó David, y entró, y pasó la noche acostado en tierra" (2 S. 12:16). David intercedió sin cesar por la vida de su hijo durante siete días, hasta que el niño murió (v. 18).

¿Cuál fue la reacción de David a la muerte de su bebé? "Se levantó de la tierra, y se lavó y se ungió, y cambió sus ropas; y entró a la casa de Jehová, y adoró" (v. 20). Su dolor no había disminuido, pero su papel de intercesor por el niño había cesado. Después de la muerte de su hijo, tuvo que concentrar su atención en el resto de su familia y de la nación (vv. 20-25).

Entendamos la oración

Las Escrituras nos dicen claramente que la oración juega un papel vital en la vida de un padre que se preocupa por su familia. Así que si tú quieres ser un mejor líder espiritual y un mejor papá, querrás asegurarte de que tienes una buena comprensión de la oración.

Eso nos lleva a una pregunta muy importante: ¿qué es exactamente la oración?

La oración es comunicación

La oración es hablar con Dios. La comunicación es una calle de dos vías. Requiere la participación activa de las dos partes implicadas. En el caso de Dios y su pueblo, Él se comunica con nosotros por medio de su Palabra, y nosotros le respondemos mediante la oración. Esto revela una de las razones por las que a menudo somos reacios a orar: no sabemos qué decirle a Dios porque no nos hemos tomado el tiempo para escucharlo mediante su Palabra.

Otra razón por la que no oramos es porque estamos enfrentando cuestiones que no estamos dispuestos a tratar, tales como áreas de pecado y desobediencia que no queremos admitir. Por tanto, somos reacios a encontrarnos con Dios por medio de su Palabra, porque sabemos que nos va a señalar los pensamientos y las intenciones del corazón (He. 4:12).

Cuando dejamos que las cosas se interpongan en el camino de dedicar tiempo para orar a Dios, eso daña nuestra capacidad de ser buenos padres. Por eso es esencial que estemos dispuestos a acercarnos a Dios y comunicarnos con Él, a hablarle a través de la oración.

La oración es un acto de fe

Es también importante reconocer que la oración es un acto de fe. No puedes ver a Dios; aunque sí puedes ver la obra de sus manos en la creación (Ro. 1:20). Dios es Espíritu. Así que cuando oras, estás, en fe, pidiendo a un Dios invisible que te escuche y te conceda tu petición para ayudarte y guiarte. Por tanto, la oración es la forma más pura de fe, que es "la certeza de lo que se espera, la convicción de lo que no se ve" (He. 11:1).

No obstante, al mismo tiempo, la oración no se basa en la imaginación, ni es una ilusión. Se basa en las promesas de Dios, que son seguras y nunca cambian. Por ejemplo, Jesús prometió en Juan 16:24: "Hasta ahora nada habéis pedido en mi nombre; pedid, y recibiréis, para que vuestro gozo sea cumplido".

Dios, por su propia naturaleza, es fiel y verdadero. Si Él promete que escucha y contesta la oración, entonces puedes creer lo que dice y orar con confianza.

La oración es un privilegio

La oración es un privilegio. ¿Puedes recordar el nombre de la persona más importante que has tenido el privilegio de conocer o con quien has hablado aunque fuera solo por un breve momento? Cuando yo era niño, toqué la parte de atrás de la chaqueta de caza que usaba Mickey Mantle, el gran jugador de béisbol de los Yankees de Nueva York. Él estaba hablando con el dueño de una tienda de artículos deportivos cuando yo toqué su chaqueta y luego… ¡eché a correr!

Sin embargo, asombrosamente, cuando oramos, hablamos con el Dios del universo. Y no tenemos que temer. Él anima a su pueblo a ir con confianza delante de su trono para recibir misericordia y gracia en tiempos de necesidad (He. 4:16). Qué honor que Él nos ofrece como cristianos. De verdad quiere que le hablemos de nuestros problemas. En nuestro mundo lleno de personas que andan apresuradas y demasiado ocupadas para detenerse, escuchar y hablar, es reconfortante saber que Dios está siempre disponible y dispuesto a oírnos.

La oración expresa la necesidad y se somete a la voluntad de Dios

Ciertamente, en cualquier momento del día, tu meta cuando oras es la necesidad que enfrentas en ese instante. Greg es un ejemplo perfecto de un papá con una necesidad inmediata. Su esposa y su hija se encontraban en estado crítico. Ni siquiera era seguro que fueran a vivir. El futuro de su familia era incierto y colgaba de un hilo.

La oración de intercesión debe centrarse en conocer y aceptar la voluntad de Dios. Por ejemplo, cuando el hijo de David estaba gravemente enfermo, él oró por la vida del niño. Al mismo tiempo, David esperó a conocer la voluntad de Dios sobre el asunto. Una vez que conoció la voluntad de Dios, tuvo que aceptarla.

Jesús es el ejemplo supremo y perfecto de una persona que oró con respecto a la voluntad de Dios y aceptarla. Antes de su muerte, oró: "Padre mío, si es posible, pase de mí esta copa; pero no sea como yo quiero, sino como tú" (Mt. 26:39).

Y siguió orando… tres veces. ¿Por qué tantas veces? Jesús no estaba en conflicto con la voluntad divina. No, su conflicto llegó cuando luchó en su humanidad con lo que sabía que tenía que hacer: cumplir la voluntad del Padre y pagar el precio por los pecadores a través de su muerte muy dolorosa en la cruz.

La oración es tu intento de poner tu voluntad y deseos de acuerdo con la voluntad de Dios. Y Él te ha proporcionado dos recursos que pueden ayudarte a orar en armonía con su voluntad.

Primero, el Espíritu Santo. Su ministerio es iluminarte en asuntos espirituales como la oración:

> Y de igual manera el Espíritu nos ayuda en nuestra debilidad; pues qué hemos de pedir como conviene, no lo sabemos, pero el Espíritu mismo intercede por nosotros con gemidos indecibles. Mas el que escudriña los corazones sabe cuál es la intención del Espíritu, porque conforme a la voluntad de Dios intercede por los santos (Ro. 8:26-27).

Segundo, la Palabra de Dios también ayuda a guiarte y afirmarte en la voluntad de Dios. El salmista describe cómo la Palabra te dirige a la voluntad de Dios: "Lámpara es a mis pies tu palabra, y lumbrera a mi camino" (Sal. 119:105).

A medida que...

ores en fe (Mt. 21:22),
ores sin motivos egoístas (Stg. 4:3), y
ores conforme a la voluntad de Dios (1 Jn. 5:14-15),

vivirás la voluntad de Dios y serás guiado paso a paso, día a día, en el camino hacia el descubrimiento de la voluntad de Dios con respecto a tus peticiones específicas.

El problema de orar

Con todas estas garantías, recursos y promesas, ¿cómo es que los papás no son más serios acerca de la oración? Yo me hice esa misma pregunta y encontré algunas respuestas que escribí en mi libro La influencia de un hombre de Dios.[2] Esto es lo que dije. Siéntete libre de agregar puntos a la lista a medida que vayas leyendo:

Mundanalidad. Vivimos en el mundo, y hay muy pocas voces que instan al pueblo de Dios a orar. La oración es un ejercicio espiritual. Por tanto, debemos trabajar en contra del mundo y ser hombres y papás de oración. Sí, estamos *en* el mundo, pero no hemos de ser *del* mundo (Jn. 17:16).

Ocupaciones. Creemos que estamos tan ocupados que no podemos dedicar tiempo a parar y pedirle algo a Dios. Sin embargo, nunca estamos demasiado ocupados para nuestras aficiones o pasatiempos, o para sentarnos durante varias

La oración es tu intento de poner tu voluntad y deseos de acuerdo con la voluntad de Dios.

horas a ver jugar a nuestro equipo deportivo favorito. Nunca estamos demasiado ocupados como para hacer aquello que creemos

2. Jim George, *The Man Who Makes a Difference* [*La influencia de un hombre de Dios*] (Eugene, OR: Harvest House, 2010), pp. 58-60. Publicado en español por Editorial Portavoz.

es importante. La oración no parece ser tan importante, por lo que no es de extrañar que no se ajuste al horario tan "ocupado" de un papá.

Falta de fe. Por alguna razón, dudamos de que las cosas en realidad podrían ser diferentes por nuestra oración. Pero si tuviéramos confianza y creyéramos de verdad que Dios responde a la oración, no podríamos esperar para entrar en su presencia con nuestras necesidades y peticiones por nuestra familia. Estaríamos pidiendo la ayuda de Dios cada minuto y disfrutando de sus respuestas. Santiago dio en el clavo cuando escribió: "No tenéis lo que deseáis, porque no pedís" (Stg. 4:2).

Distancia. Cuando no somos capaces de hablar con Dios, nos sentimos como extraños a su alrededor. Dios nunca cambia, se mueve, desaparece ni pierde interés en ti. Papá, es tu tarea cerrar la brecha. Da un paso sencillo hacia Dios y habla con Él. Cuanto más hables con Él, más cómodo estarás cuando te comuniques con Él. Cuanto más te comuniques, más oportunidades tendrás de orar por tu familia. Y cuanto más le pidas, más respuestas y orientación recibirás. Haz estas cosas, y ya no te sentirás como un extraño en su presencia.

Ignorancia. No entendemos el poder y la bondad de Dios. No comprendemos su deseo y capacidad de proveer para nosotros "mucho más abundantemente de lo que pedimos o entendemos" (Ef. 3:20) y "suplirá todo lo que os falta" (Fil. 4:19). Si lo hiciéramos, oraríamos de forma más activa.

Pecaminosidad. Permitimos que el pecado levante una barrera entre nosotros y nuestro amoroso Dios. ¿Qué dijo el salmista? "Si en mi corazón hubiese yo mirado a la iniquidad, el Señor no me habría escuchado" (Sal. 66:18). Pero cuando confesamos nuestro pecado, los oídos del Señor están abiertos a nuestro clamor (Sal. 34:15).

Orgullo. En esencia, le decimos a Dios: "Dios, yo no te necesito. Me puedo cuidar a mí mismo. Yo me encargo. No, gracias".

Piensa en esto:

Los que se creen suficientes en sí mismos no oran,
los que se sienten satisfechos de sí mismos no
    orarán,
los que se creen justos por sí mismos no pueden
    orar.[3]

Por favor, por amor a tu familia, que tu orgullo no te impida orar.

Inexperiencia. No oramos; por tanto, no sabemos cómo orar... así que no oramos. La oración es como cualquier habilidad, se hace más fácil con la práctica. Cuanto más oramos, más sabemos cómo orar. Y cuanto más oramos, más respuestas a la oración experimentamos.

Pereza. Esta es probablemente la más triste de las excusas. Sencillamente, no estamos dispuestos a hacer el esfuerzo de orar, no importa lo importante que sea... lo que, por supuesto, afecta a nuestras posibilidades de que nuestras oraciones sean contestadas. He aquí una oración que podemos decir: "¡Señor, que yo nunca llegue a este lugar en mi vida espiritual!"

¡Papá, tú puedes hacerlo!

¿Te has identificado con alguno de los motivos por los que los hombres no oran? (¡Sé que yo mismo fui tocado por uno o dos mientras leía este capítulo de nuevo!). Si eres como yo, sabes que no estás orando como deberías. Espero que hayas identificado algunas áreas específicas de problemas que te impiden ser un papá que ora y que intercede por su familia. Aquí tienes algunos pasos que puedes dar para convertirte en un papá que es un intercesor.

Pequeños pasos que hacen una gran diferencia

1. *Echa un vistazo a tus excusas para no orar.* Identifica la principal, y empieza por ahí. Definir el problema es parte de la solución. ¿Qué

---

3. Este dicho se le atribuye a Leonard Ravenhill, evangelista británico, 1907—1994.

vas a hacer para eliminar ese problema, esa excusa, para poder centrarte en la oración por tus hijos? Tú eres el cabeza de familia y tus hijos son demasiado importantes como para permitir que cualquier cosa (cualquier excusa, debilidad o pecado) te impida cumplir con la función vital de ser intercesor para tu familia.

2. *Empieza una lista de prioridades de oración.* Seguramente, al comenzar el día, asumes tu papel de profesional y elaboras un plan para tu jornada. Tal vez haces una lista o utilizas una aplicación en tu teléfono para crear un calendario, hacer una lista de tareas pendientes y tomar nota de los detalles importantes para el día. Debes hacer lo mismo en lo que se refiere a orar por tus hijos. Sé organizado. Haz una lista de tus preocupaciones de oración, que son aún más importantes que tu horario de negocios. Utiliza una sección en tu planificador diario o un bloc de notas, o incluso una aplicación de tu teléfono que te permita crear listas de oración, y haz una lista de prioridades de oración con las peticiones de cada miembro de tu familia. Detalla las cuestiones, las decisiones, los proyectos y los problemas que están afectando a cada persona. Entonces, como un papá que es un intercesor, eleva oraciones serias a Dios acerca de las personas más importantes en tu vida. Job estaba preocupado por la condición espiritual de sus hijos, y tú necesitas este mismo tipo de supervisión y cuidado de las personas en tu vida. Luego, como un contador, registra las respuestas que van llegando.

3. *Refuerza tu fe en la oración contestada.* No seas un padre que sufre de falta de fe. Describimos a este tipo de hombre como uno que duda de que las cosas en realidad podrían tener un resultado diferente porque él dedicó tiempo a orar. Pero si él estuviera seguro y realmente creyera que Dios responde a la oración, estaría súper comprometido y dedicado a la oración.

Refuerza tu fe mediante la memorización de versículos que hablan de las promesas de Dios para responder a la oración. Comienza con Mateo 7:7-8. Jesús dijo a sus discípulos: "Pedid, y se os dará; buscad, y hallaréis; llamad, y se os abrirá. Porque todo aquel que pide, recibe; y el que busca, halla; y al que llama, se le abrirá".

Te puede ayudar recordar la versión abreviada de esta promesa:

Pide... y se te dará.
Busca... y hallarás.
Llama... y se te abrirá.

Sí, puedes tener fe en la promesa de Dios para responder a tus oraciones.

4. *Comienza a hablar con Dios a lo largo del día.* Una vez más, la oración es sencillamente hablar con Dios. No lo puedes ver, pero Él está presente. Así que si estás en tu auto, en la ducha, caminando, o sentado frente a la computadora, habla con Dios acerca de tu esposa e hijos. Háblale acerca de ellos durante todo el día, sin importar dónde estés o qué estés haciendo. Él escucha y responde. La Biblia dice: "Porque los ojos de Señor están sobre los justos, y sus oídos atentos a sus oraciones" (1 P. 3:12).

*La oración eficaz del justo
puede mucho.*
Santiago 5:16

7

Un papá que es un guerrero de oración

*Vestíos de toda la armadura de Dios, para que podáis
estar firmes contra las asechanzas del diablo.*

EFESIOS 6:11

Si alguno de ustedes me pidiera un compendio de la religión cristiana, se lo daría en una sola palabra: oración.[1]

C. H. SPURGEON

Había pasado un mes desde el accidente de automóvil que hizo temblar la vida, el corazón y el hogar de Greg. Margaret y la pequeña Mary Lou habían sufrido heridas y lesiones graves. No había duda de eso. Pero Dios había sido misericordioso, y las dos mujeres de Greg estaban progresando mucho en su recuperación. Los miembros de la iglesia se habían volcado en ayudar y se habían encargado de las comidas, de la atención de la niña, y de echar una mano en otras necesidades que surgieron.

Durante todo ese mes, Greg había seguido intercediendo por la recuperación de su familia. Dios estaba contestando bondadosamente sus oraciones. Ahora, mientas Greg y Bill se encontraban sentados uno frente al otro en la mesa de la cocina, Bill comenzó la reunión y, nuevamente, dedicó un momento a los recuerdos del

---

1. C. H. Spurgeon, *Sermons of the Rev. C. H. Spurgeon*, First Series (New York: Sheldon, Blakeman, 1857), p. 183.

pasado: esta vez, habló sobre su tiempo de entrenamiento para ser soldado. Bill sabía más sobre el entrenamiento para la batalla, pero Greg tenía también su propia serie de habilidades. Después de compartir algunas "historias de guerra", Bill preguntó Greg:

—¿Para qué fue el entrenamiento militar que nos dieron?

Greg pensó por un minuto y luego respondió:

—Para ser guerreros.

—Exacto, y Dios ha dedicado este último mes llevándote a ti a través de otra fase del entrenamiento: tu formación en la oración. Tu aprendizaje para interceder por tu familia te está preparando para convertirte en un guerrero de oración a favor de tu familia. La intercesión es *reactiva*, responde a algo que ocurre y requiere intercesión. Pero ser un guerrero es algo *proactivo*: implica crear o controlar una situación en vez de simplemente responder a ella. Así que —continuó diciendo Bill— echemos ahora un vistazo a lo que significa ser un guerrero de oración.

¿Qué se necesita para ser un guerrero de oración?

En el último capítulo, aprendimos algunos conceptos básicos acerca de la oración y la intercesión a favor de tu familia. La intercesión es la responsabilidad y el privilegio de un papá. ¿Quién está más calificado que tú, papá, para estar orando por tu esposa e hijos? Comprométete, pues, a orar regularmente por ellos para cumplir con esa responsabilidad fundamental de un padre amoroso.

Vamos ahora a dar el siguiente paso y ver tu vida de oración desde una perspectiva diferente. Mientras que la intercesión es más como una herramienta defensiva, ha llegado el momento de que aprendas más acerca de ir a la ofensiva. Ya sea que lo sepas o no, estás metido en una guerra espiritual no solo por ti, sino también por tu familia. Estás luchando contra las fuerzas del mal para el bienestar espiritual de tu esposa e hijos. Dios te está pidiendo que dirijas y protejas a tu familia, y una forma clave de hacerlo es siendo un guerrero de oración, el hombre de Dios que va a la cabeza, en el campo de batalla de la vida.

> Dios te está pidiendo que dirijas y protejas a tu familia, y una forma clave de hacerlo es siendo un guerrero de oración.

Al igual que un soldado es entrenado para luchar en una guerra, tú debes recibir entrenamiento para luchar y defender a tu
familia por medio de la oración. Dios quiere que estés preparado,
no solo para conocer a tu enemigo, sino también para defender a
tu familia del enemigo. La buena noticia es que Dios ha provisto
instrucciones que aseguran tu victoria. Efesios 6:10-17 nos da
una descripción detallada de lo que es necesario para que puedas
cumplir con tu tarea como guerrero de oración.

Empecemos con los versículos 10-13:

> *La fuerza de Dios es tu fortaleza:* "Fortaleceos en el
> Señor, y el poder de su fuerza".

> *La protección de Dios está asegurada:* "Vestíos de
> toda la armadura de Dios, para que podáis estar
> firmes...".

> *Tu enemigo es inteligente:* "...contra las asechanzas
> del diablo".

> *Tu batalla es espiritual:* "Porque no tenemos lucha
> contra sangre y carne, sino contra principados,
> contra potestades, contra los gobernadores de las
> tinieblas de este siglo, contra huestes espirituales de
> maldad en las regiones celestiales".

> *Tu protección es una elección:* "Por tanto, tomad toda
> la armadura de Dios...".

> *Tu perseverancia está garantizada:* "...para que podáis
> resistir en el día malo, y habiendo acabado todo,
> estar firmes".

¿Qué hace un guerrero de oración?

¿Qué hace un soldado? ¿Lo entrenan para que huya de la
batalla? No, está preparado para mantenerse firme a toda costa,
incluso si eso significa arriesgar su propia vida. Continúa leyendo
los versículos de Efesios 6:14-17 y ve cómo responde el soldado
de Dios a la amenaza de la batalla espiritual.

Al leer, imagínate a un soldado romano que está completamente armado y listo para enfrentar al enemigo. Del mismo modo, tú debes prepararte para la batalla espiritual contra el enemigo de tu familia. La oración no es solo un agradable pequeño ritual que te hace sentir bien y te da una sensación cálida. Tampoco es algo que haces para verificar una lista de control espiritual diario. No, la oración es una guerra total contra los poderes de las tinieblas y del mal. Según los versículos 14-17, tienes las armas necesarias para la guerra: el cinturón de la verdad, la coraza de justicia, los zapatos del evangelio de la paz, el escudo de la fe, y el yelmo de la salvación, que es la Palabra de Dios. Después de explicar cómo Dios te ha equipado completamente, el apóstol Pablo resume tus órdenes de marcha en el versículo 18, mediante la definición de cómo debes llevar a cabo tu misión de oración.

La frecuencia de tus oraciones: "orando en todo tiempo". Esto es coherente con otros versículos que nos dicen que seamos "constantes en la oración" (Ro. 12:12), "[perseveremos] en la oración" (Col. 4:2), y "[oremos] sin cesar" (1 Ts. 5:17).

La variedad de nuestras oraciones: "con toda oración y súplica". La palabra "oración" se refiere aquí a las peticiones generales, mientras que "súplica" habla de oraciones específicas. El apóstol Pablo nos dice que, como guerreros de oración, debemos estar involucrados en todo tipo de oración a medida que surgen las situaciones, ya sea en público o en privado. Nehemías, en el Antiguo Testamento, es un ejemplo excelente de un hombre que oraba ferviente y regularmente en su casa (Neh. 1:4); sin embargo, cuando fue necesario, oró de forma breve y específica mientras estaba de pie delante del rey (2:4).

El poder de tus oraciones: "en el Espíritu". Tu poder no se basa en tus propias palabras, sino en el poder de la voluntad de Dios. Orar "en el Espíritu" significa que estás orando por lo que es coherente con la naturaleza y la voluntad de Dios. Cuando el Espíritu está involucrado, Él intercede por ti ante Dios (Ro. 8:26-27).

La actitud de tus oraciones: "velando en ello". El Señor mismo también expresó una preocupación similar cuando dijo a sus discípulos: "Mirad, velad y orad" (Mr. 13:33). Jesús les hizo la advertencia de estar en guardia. Los discípulos debían permanecer despiertos y alerta, vigilantes ante un peligro inminente; y luego, a través de la oración, buscar la ayuda divina. Nosotros tenemos que hacer lo mismo.

La determinación de tus oraciones: "con toda perseverancia y súplica". Para ilustrar la necesidad de persistencia en nuestras oraciones, Jesús relató la parábola de la viuda que suplicó repetidas veces a un juez por justicia, hasta que, por fin, él cedió a su petición. Jesús terminó su relato diciendo: "¿Y acaso Dios no hará justicia a sus escogidos, que claman a él día y noche?' (Lc. 18:7).

El objeto de tus oraciones: "por todos los santos". Las necesidades espirituales de tu familia y de otros en la familia de Dios deben ser el centro de tus oraciones. Eso no significa que no ores por los perdidos. Más bien, que tu meta principal es la oración "por todos los santos", y, en particular, por tu familia. Piensa en esto: tú y tu esposa y quizá algunos abuelos fieles posiblemente sean las únicas personas que oran por tus hijos. Una de las mejores cosas que puedes hacer como padre es orar regularmente por tus hijos.

¿Qué se requiere para ser un guerrero de oración?

Cuando mi yerno habló con un reclutador de la Marina acerca de convertirse en un oficial de la Marina, este le dio una lista de requisitos. Él cumplió con esos requisitos y ahora es el segundo al mando en un submarino nuclear.

Así como un oficial de la Marina debe cumplir con ciertos requisitos, hay algunos requisitos que hay que cumplir para ser un guerrero de oración. Eso se debe a que la guerra espiritual es una cuestión muy seria. ¿Cuán importante es el bienestar espiritual de tu esposa e hijos? Y ¿qué estás dispuesto a hacer (o a qué estás dispuesto a renunciar) a fin de que puedas ser un guerrero de oración eficaz a favor de tu familia? Para ser un luchador fuerte por las almas de tu familia, se requieren de dos cosas de inmediato.

Abandona tu pecado

Primero, renuncia a tu pecado. Con esto me refiero a que los papás deben estar dispuestos a renunciar a todo lo que no agrada a Dios, a todo aquello que va en contra de su Palabra y de su voluntad para nosotros, sea cual sea el pecado de cualquier tipo y cualquier gravedad.

Ya sea muy pequeño o muy grande en la escala del hombre, en la economía de Dios el pecado es pecado... y punto. El pecado interrumpe tu caminar con Dios, y tu comunicación y comunión con Él. Dios requiere que lo ames y le obedezcas por encima de todo, y luego le preguntes en oración por lo que es importante.

Quizá esa sea la razón por la que la oración es tan difícil para ti. Sabes que Dios es santo, y también sabes que no se puede simplemente correr hacia Dios, entrar en su presencia y pedirle algo cuando las cosas no están bien en tu relación con Él. No puedes pedirle nada a un Dios santo a menos que seas un vaso limpio. Antes de orar por tu esposa e hijos, examina tu propia vida, y asegúrate de que todo esté bien con el Señor.

A lo largo de la Biblia vemos lo importante que es abandonar todo pecado, limpiar nuestras manos y vida del pecado, y purificar nuestros corazones (Stg. 4:8). En resumen, Dios nos dice que no oremos hasta que estemos dispuestos a obedecer. El salmista lo sabía. Él escribió: "Si en mi corazón hubiese yo mirado a la iniquidad, el Señor no me habría escuchado" (Sal. 66:18). Y Salomón lo dijo de esta manera: "El que aparta su oído para no oír la ley, su oración también es abominable" (Pr. 28:9). Un estudioso de la Biblia explicó: "Si nos negamos a arrepentirnos, si albergamos y retenemos ciertos pecados, se levanta una pared entre nosotros y Dios... Nuestra actitud hacia la vida debe ser la de confesión y obediencia".[2]

Por el contrario, si el deseo de tu corazón es seguir a Dios, procurando caminar con Él y abandonando el pecado, Él se deleitará en escuchar tus oraciones. El apóstol Pedro nos dice: "Porque los ojos del Señor están sobre los justos, y sus oídos atentos a sus oraciones" (1 P. 3:12).

Veamos otro pensamiento retador que a mí me tocó profundamente como papá, y debe hacer lo mismo contigo. Era algo que

---

2. *Life Application Bible* (Wheaton IL: Tyndale House, 1988), p. 864.

mi antiguo pastor recordó a menudo a su congregación: "Aléjate de tus pecados favoritos. Hay cosas más importantes que están en juego". ¡Vaya! ¿Cosas más importantes? Sí, como la salvación de mis hijos.

Cuando nosotros, los papás, no mantenemos nuestro caminar con el Señor, nuestra familia sufre. ¿Por qué? Porque no podemos orar eficazmente por ellos. Tu pecado te descalifica y te hace ineficaz como guerrero de oración. El pecado silencia tu voz y anula tus peticiones que se elevan a Dios a favor de tu familia y para su beneficio. Así que el mensaje de Dios es que cuides tu caminar con Él, que te libres del pecado y te hinques de rodillas. ¡Hay cosas más importantes que están en juego!

Da algo de tu tiempo

El segundo requisito para ser un guerrero de oración eficaz es que des un poco de tu tiempo.

Es correcto decir que todo lo que es de verdad importante para ti requerirá tu tiempo y atención. Y orar por tu esposa e hijos es definitivamente una prioridad. Piensa en esto: tus hijos son tu carne y sangre. Están más cerca de ti que cualquier otra persona, excepto tu esposa. Eso significa que debes estar dispuesto a renunciar a una parte del tiempo que usas en cosas *secundarias* para que tengas más tiempo para lo *principal,* que es orar por tu esposa e hijos.

La oración requiere tiempo. Y si tu respuesta inmediata es que estás demasiado ocupado para orar, necesitas de alguna manera, en alguna parte, encontrar algo de tiempo para atender a esa prioridad. La Biblia se refiere a esa disyuntiva de las cosas menores en relación con las más grandes como "aprovechando bien el tiempo" (Ef. 5:16). En lo que se refiere a ti y a tus hijos, Dios te ha dado un "tiempo" para que lo dediques a tus hijos que viven bajo tu techo. ¡Y te puedo decir que pasa volando! Por eso debes aprovechar muy bien ese tiempo con ellos.

Déjame hablarte de un ejercicio rápido que yo hago casi todos los días. Piensa en la cantidad de tiempo que dedicas cada día a ver noticias o deportes, o un programa favorito o dos, o incluso *El Canal del Tiempo.* O piensa en la cantidad de tiempo que pasas haciendo ejercicio físico, navegando por el Internet, entrando a

Facebook, o enviando correos electrónicos a amigos y socios y cuidando de tus asuntos personales. Si sumas todo ese uso diario de tus minutos y horas, te darás cuenta de que definitivamente tienes tiempo para la oración; especialmente la oración por la vida y el alma de cada uno de tus hijos. Al sopesar cómo pasas mucho de tu tiempo y compararlo con la cantidad de tiempo que dedicas a orar por tus hijos, el panorama es sorprendentemente claro.

No estoy diciendo que haya algo malo en dedicar tiempo a las actividades diarias. Por supuesto, debes estar al tanto de tus finanzas, mantenerte en contacto con amigos y colegas, ayudar a cuidar de otros, estar informado, y darte un empujoncito por medio del ejercicio o de un café. Lo que quiero decir es esto: si piensas que no tienes tiempo para orar, debes examinar tu programación diaria y encontrar la manera de ajustarla para que puedas dedicar tiempo a una de las actividades más importantes y gratificantes de todas: orar por tu familia.

Demos un paso más allá. Al priorizar tus actividades diarias, pon la oración en el primer lugar de la lista. Haz que sea lo primero en tu orden del día. Un buen principio de gestión de la vida es poner cualquier nueva disciplina o actividad antes de cualquiera de tus prácticas ya bien inculcadas. Por ejemplo, digamos que haces ejercicio cada mañana. Eso es una disciplina que ya está en su lugar. Entonces, pon la oración en primer lugar, antes de salir a correr, que es algo que ya está arraigado en tu rutina diaria.

Cuando reorganices tu horario para reflejar la prioridad de la oración, serás bendecido porque cuando oras, pones a Dios en primer lugar. Te beneficiarás porque vas a cambiar y crecer al hablar con Dios. Y tendrás bendición sobre bendición, porque cuando oras por tus hijos, ellos también se benefician. Te encontrarás cada vez más fuerte y unido con sus hijos al invertir tiempo en abrir tu corazón a Dios y hablarle de tu amor por ellos.

Así que dedica tiempo a orar. Como dijo Martín Lutero:

> Cuanto menos oro, más difícil se me hace;
> cuanto más oro, mejor me va.[3]

---

3. Martín Lutero, como se cita en Albert M. Wells, Jr., ed., *Inspiring Quotations, Contemporary and Classical* (Nashville, TN: Thomas Nelson, 1988), p. 159.

¿Qué es lo que hace específicamente un guerrero de oración?

Ya estudiamos antes Efesios 6:18, que describe tu responsabilidad como guerrero de oración. Una parte de ese texto dice que tienes que orar "en todo tiempo con toda oración y súplica". La palabra "oración" en el texto griego original del Nuevo Testamento habla de oración en general.

A menudo oramos en términos generales como, "Señor, bendice a mi familia", u oramos por nuestra nación. Pero el tipo de guerra de oración de la que estamos hablando para nuestra familia necesita "oraciones específicas". Eso es lo que significa "súplica". Sí, está bien que oremos ocasionalmente por "todos los misioneros" y por "la paz mundial", pero tu hábito debería ser centrarte en aspectos específicos. Y un resultado práctico clave al orar por asuntos específicos es que sabrás cómo Dios responde a tus oraciones.

Orar por cosas específicas es como disparar con objetivos concretos. Eso ocurre cuando un rayo láser se enfoca con precisión en la trayectoria de un misil. Entonces, papá, como guerrero de oración, tus oraciones deben tener ese tipo de precisión. Cuando oras por tu esposa e hijos, es bueno que seas específico. Debido a que este es un libro sobre cómo ser un padre conforme al corazón de Dios, vamos a echar un vistazo a algunas cosas específicas por las que deberías estar orando.

> Cuando reorganices tu horario para reflejar la prioridad de la oración, serás bendecido.

Ora por el compromiso de tu hijo con Cristo

No hace falta decir que un padre que ama al Señor con todo su corazón quiere, por encima de todo, que sus hijos pertenezcan a Cristo, que tengan un amor comprometido y apasionado por Jesús. Por tanto, papá, debes enfocar toda la formación y oración en guiarlos a Dios. La condición de la relación de cada hijo con el Señor debe ser tu primer motivo de oración cada día. Si tienes una libreta de oración, ese es el primer asunto que debes anotar bajo el nombre de cada hijo. Tú no puedes darles la salvación, solo Dios puede hacer eso; pero sí puedes interceder por ellos, pidiendo que reciban a Cristo. O bien, si ya son cristianos, puedes orar que sigan en la vida cristiana de todo corazón.

Ora por el crecimiento espiritual de tu hijo

Comenzando en el primer capítulo de este libro, he recalcado constantemente la importancia de la Biblia en tu crecimiento espiritual. Dios te ha dado varios dones preciosos: su Hijo, la salvación por medio de su Hijo y su Palabra. Jesús vino a hacer posible la salvación. La salvación a través de Jesús nos hace hijos de Dios. Y nos ha dado su Palabra para enseñarnos y ayudarnos a conocer a Dios y vivir a su manera, es decir, de acuerdo a su voluntad.

En lo relacionado con el crecimiento espiritual de tus hijos, tus oraciones son vitales. Al igual que tú, ellos necesitan ser salvados de sus pecados... y eso solo se puede lograr mediante la relación con Jesús, el Hijo de Dios. Y necesitan oír y saber lo que la Biblia enseña para que, por la gracia de Dios, puedan vivir en obediencia a Dios y evitar los errores que muchos niños cometen mientras crecen.

Entonces, ¿qué puede hacer un papá? Y más concretamente, ¿qué puedes hacer *tú*? Orar y actuar. Nunca es demasiado pronto para hacerlo. Si acabas de enterarte de que tu esposa está embarazada, empieza a orar. Y desde el día del nacimiento de tu hijo, léele y recítale la Palabra de Dios. Una vez más, nunca es demasiado pronto, como una abuela fiel me dijo hace poco en una llamada de teléfono.

Esta abuela llamó para decirme que su hija había estado leyendo el libro escrito por mi esposa *A Little Girl After God's Own Heart* [Una niña conforme al corazón de Dios][4] cada noche a su hija cuando ella era muy pequeña. Ahora, tres años más tarde, esa niña podía repetir literalmente las rimas en ese libro, que se basan en Gálatas 5:22-23 para enseñar a los niños el fruto del Espíritu. Esta abuela contó que una noche toda la familia había salido a cenar, y todos en la mesa habían recibido su comida excepto la pequeña. Ella dijo a su familia que estaba siendo "paciente" y recitó de memoria la rima de ocho líneas sobre el fruto del Espíritu de la paciencia. Incluso las cosas que enseñamos a los niños muy pequeños serán recordadas a medida que crecen.

---

4. Elizabeth George, *A Little Girl After God's Own Heart* (Eugene, OR: Harvest House, 2000), solo disponible en inglés.

Comprométete a hacer lo que Dios ordena a los padres: habla con tus hijos sobre el Señor desde el amanecer hasta el anochecer (Dt. 6:6-7). Lo que está en tu corazón es lo que va a salir de tu boca. Eso es lo que Jesús dijo: "De la abundancia del corazón habla la boca" (Lc. 6:45). El corazón de un padre que se alimenta a diario de la Palabra de Dios está lleno de los pensamientos de Dios. Luego, cuando abre la boca para hablar con sus hijos, sale la sabiduría y la verdad acerca de lo que es más importante para él: el Señor.

Conforme pase el tiempo y avance la vida de tus hijos, sigue orando por ellos en cada nueva etapa de crecimiento. Sé siempre el guerrero de oración. Y mientras que estés orando, ten la meta de proporcionarles recursos cristianos en cada nivel de aprendizaje. Para los más pequeños, adquiere una Biblia apropiada para su edad con algunos versículos clave e ilustraciones para que "lean" mientras están en la cuna o en su asiento del auto. Luego, a medida que crezcan, provéeles primero una Biblia sencilla con imágenes y algo de texto; después, una Biblia más detallada para niños; más adelante, una Biblia para adolescentes; y por último, una Biblia de estudio. De esa forma, tu ayuda proporcionará a tus hijos una comprensión de la verdad de Dios y alimentará su crecimiento como cristianos.

Ora por el desarrollo físico de tus hijos

Si tienes hijos varones, puedes comprender, relacionarte, y orar por su desarrollo físico en cada etapa del proceso de crecimiento. Pero cuando se trata de hijas, tendrás que trabajar en estrecha colaboración con tu esposa al orar por ellas. Al tener solo hijas, yo tuve que aprender muy pronto que muchas de las cuestiones importantes para ellas son diferentes a las que los chicos enfrentan.

Mi esposa me ayudó a darme cuenta de que las luchas con la presión del grupo y la imagen propia tienen mucha importancia para las niñas, y para las mujeres también. Saber esto me ayudó a orar específicamente por mis hijas. Tu esposa puede ayudarte a saber cómo orar mejor por tu hija. Y cuando se trate de cuestiones de autoestima, tú y tu esposa pueden animar a su hija a memorizar el Salmo 139:14: "¡Te alabo porque soy una creación admirable! ¡Tus obras son maravillosas, y esto lo sé muy bien!" (NVI).

Como papá, debes estar allí con tu hijo o hija en sus momentos difíciles. Tienes que ser el hombre de Dios para tus hijos. Si estás cuidándolos, amándolos, supliendo sus necesidades y orando por ellos, sabrán que cuando tienen problemas, pueden acudir a ti inmediatamente. Te convertirás en alguien de confianza para ellos, alguien con quien pueden hablar y recibir apoyo.

Ora por el desarrollo intelectual de tu hijo

La educación de tus hijos los preparará para la vida. Por supuesto, esto comienza a una edad muy temprana en tu hogar, y continúa cuando ellos van a la escuela. Luego está también la posibilidad de la formación profesional. En estas etapas, es bueno que ores y te mantengas involucrado con lo que sea necesario para que tus hijos aprendan.

Durante todo este tiempo, debes orar por los maestros de tus hijos, sus aptitudes, amigos de la escuela y actividades extracurriculares. Hay mucho para orar: por las pruebas, los trabajos escritos, los proyectos y los exámenes. Sé un padre que ora con y por cada hijo cuando se trata de su educación y formación. Esto requiere tu participación en el día a día de sus vidas. Haz tu parte, y ora por el desarrollo intelectual de tus hijos.

¡Papá, tú puedes hacerlo!

Tu tarea asignada como papá es reconocer la necesidad de ser un guerrero de oración. Prepárate para la batalla. Conoce a tu enemigo. Y no salgas de casa sin tu armadura espiritual. Dedica a tus hijos a Dios y dedícate a ti mismo a orar por ellos. Al hacerlo con fidelidad, estarás viviendo el papel que Dios te ha asignado como líder espiritual de tu familia. Serás su guerrero de oración. Sé un papá como Job, que oraba por sus numerosos hijos cada día.

Pequeños pasos que hacen una gran diferencia

1. *Revisa tu armadura*. Mi cuñado fue entrenado como paracaidista del Ejército, y parte de su entrenamiento era lanzarse en paracaídas desde aviones. Me dijo que antes de cada salto, tenía que revisar el equipo de saltar del hombre delante de él, mientras

que, al mismo tiempo, su equipo estaba siendo verificado por el hombre detrás de él. Esa atención a los detalles contribuía a garantizar la seguridad de todos.

Dios te está pidiendo que seas un guerrero, un guerrero de oración a favor de tus hijos. Lee de nuevo lo que implica cuando en Efesios 6 se nos dice: "Vestíos de toda la armadura de Dios". Comprueba tú mismo todos los días la armadura de Dios. Y si tienes un mentor, que él la vuelva a comprobar. La vida espiritual de tu familia está en juego.

2. Ora por sabiduría. Todo padre inteligente (y te incluyo a ti) sabe que necesita ayuda para poder hacer lo correcto por sus hijos. Por eso Santiago 1:5 debe ser sumamente tranquilizador: "Si alguno de vosotros tiene falta de sabiduría, pídala a Dios, el cual da a todos abundantemente y sin reproche, y le será dada".

Así que ora diariamente por la sabiduría de Dios que necesitas para formar a tus hijos en conocerlo y amarlo. Algunos aspectos de la voluntad de Dios pueden ser vagos o difíciles de discernir, pero esta parte de la voluntad de Dios es absolutamente clara: tus hijos son hijos de Dios, y tú eres el administrador designado por Él para cuidarlos. Así que no lo estropees. Pídele que te dé su sabiduría.

3. *Haz una hoja de oración para cada hijo.* Si no tienes una lista de oración para cada miembro de tu familia, no pasará mucho tiempo antes de que tus oraciones sean muy generales e incluso de memoria, como "Amado Padre, por favor bendice a mis hijos hoy". Tus hijos se enfrentan a problemas específicos cada día y en cada etapa de su vida. Anota preocupaciones específicas sobre cada hijo y ve a la guerra, orando como la Biblia dice que el pueblo de Dios debe orar: siempre, en todo tiempo, fervientemente, constantemente, continuamente, y por todo.

4. *No dejes pasar un día.* La vida es ajetreada. A menos que hagas el compromiso de no dejar que pase ni un día sin orar por tus hijos, puedes saltearte fácilmente varios días de oración. Cada día tiene 1440 minutos. Si orar por tus hijos es importante, puedes encontrar cinco o diez minutos en tu día, ¿no es cierto? Así que

busca tiempo para ellos… y ora. Lo que está en juego es demasiado importante para que no puedas orar cada día por tus hijos y su madre.

El hombre nunca es tan alto
como cuando se arrodilla ante Dios,
y nunca es tan grande
como cuando se humilla ante Dios.
Y el hombre que se arrodilla ante Dios
puede soportar cualquier cosa.[5]

Louis H. Evans

---

5. Louis H. Evans como se le cita en Wells, Jr., ed., *Inspiring Quotations*, p. 159.

---

(8)

Un papá que es un pastor

Tu vara y tu cayado me infundirán aliento.

SALMO 23:4

Apacentad la grey de Dios que está entre vosotros...
no como teniendo señorío sobre los que están a vuestro cuidado,
sino siendo ejemplos de la grey.

1 PETER 5:2-3

Tus hijos necesitan tu doble función de amor y disciplina.
El amor sin disciplina es sentimentalismo.
La disciplina sin amor es esclavitud.
El papá conforme al corazón de Dios cumple estas dos
acciones de amor y disciplina en su justo equilibrio.

JIM GEORGE

¡Vaya año! Greg se sentía como si lo hubieran metido en el carril espiritual rápido sin límite de velocidad. No era como si él no hubiera pedido ayuda. El nacimiento de su hija había sido una llamada de atención para él. Mirando en retrospectiva, deseaba haber recibido esa llamada de atención cuando se casó con Margaret. Si él hubiera sido tan serio en su matrimonio como lo estaba siendo en su nuevo papel como papá, los últimos tres años habrían sido muy diferentes. Oh, no era que él y Maggie (nombre cariñoso de Greg para Margaret) se hubieran encontrado con algún problema real. Él era un nuevo creyente y estuvo dispuesto a dejar que su mujer, de mayor madurez espiritual, tomara la iniciativa en asuntos cristianos. Ella fue un poco reticente al principio, pero con el tiempo, lo había aceptado.

Pero ahora, las cosas estaban cambiando rápidamente. Su mentor, Bill, había llevado a Greg a profundizar en la comprensión de la doctrina cristiana, y luego le mostró cómo esas verdades se aplicaban a su vida personal. Durante el año pasado, Bill había estado exhortando a Greg a ser un líder más fuerte en el hogar en sus funciones como esposo y padre. La reflexión de hoy se centró en el papel de un pastor como se representa en la Biblia y su aplicación al papel de liderazgo en el hogar.

Greg estaba muy entusiasmado con este nuevo tema, ya que acababa de ver de primera mano un rebaño de ovejas y un pastor. Él, Maggie, y la pequeña Mary Lou estaban conduciendo por las carreteras secundarias del condado de Ventura, al norte de Los Ángeles, e inesperadamente tuvieron que parar para ceder el paso a un rebaño de ovejas que cruzaba la carretera. Un pastor y su perro iban guiando al rebaño.

¿Por qué un pastor?

Sí, Greg se dio cuenta de que las ovejas y los pastores todavía existían en nuestro mundo de hoy. Y, sin embargo, la idea del pastoreo es un concepto extraño para la mayoría de la gente porque no viven en las zonas rurales. Después de todo, no te cruzas con pastores y ovejas en la ciudad de Nueva York, o en el centro de Los Ángeles o de Chicago. Tampoco los ves en la mayoría de las áreas suburbanas. Así que, ¿por qué utilizar la analogía de un pastor para ayudar a un hombre a entender su papel como papá conforme al corazón de Dios?

Pastorear es parte de la cultura bíblica

Si bien los pastores no son hoy tan comunes en muchos lugares, sí que lo eran en una gran parte del mundo agrario de la Biblia. Incluso hoy día se pueden ver rebaños de ovejas y pastores en todas partes del Medio Oriente. Ellos siguen haciendo lo que han hecho durante miles de años. Y el trabajo de cuidar a las ovejas es similar, en muchos aspectos, a la responsabilidad que tiene un papá en el cuidado de sus hijos.

Primero echemos un vistazo a algunas de las cualidades de los pastores que encontramos en la Biblia. Según vas leyendo, asegúrate de fijarte en cómo esas mismas cualidades se aplican a tu papel como padre.

Un pastor está dispuesto a soportar dificultades por las ovejas. En el Antiguo Testamento, Jacob describió a su tío Labán lo que él había soportado físicamente mientras cuidaba las ovejas de Labán. "De día me consumía el calor, y de noche la helada, y el sueño huía de mis ojos' (Gn. 31:40).

Un pastor es responsable de la protección de su rebaño. David, el joven pastor del Antiguo Testamento, es quizá el pastor más conocido en las Escrituras. Más tarde se convirtió en el segundo rey de Israel. Muchos de sus salmos los escribió mientras cuidaba de los rebaños de su familia. Como la mayoría de los pastores, David era muy protector de sus ovejas. Él incluso relata cómo mató leones y osos, mientras guardaba las ovejas de su padre (1 S. 17:34-36).

Un pastor provee sustento a su rebaño. El salmo más famoso es el Salmo 23. Este pasaje tan conocido y citado es a menudo mencionado como el Salmo del Pastor. Comienza con las palabras: "Jehová es mi pastor; nada me faltará" (v. 1). En este salmo, Dios es presentado como un pastor amoroso y cuidadoso que siempre suple las necesidades de su rebaño. David, el autor del Salmo 23, experimentó la provisión de Dios de una manera muy personal cuando se refirió a Dios como "mi pastor".

El pastor conoce a sus ovejas. El uso de pastores para ilustrar liderazgo afectuoso continúa en el Nuevo Testamento y se aplica especialmente al más grande de los pastores, al Señor Jesucristo. Jesús dijo de sí mismo: "Yo soy el buen pastor; y conozco mis ovejas, y las mías me conocen" (Jn. 10:14).

El pastor está dispuesto a sacrificarse por su rebaño. Imagina a David cuando era un joven: con la espada en la mano, está dispuesto a luchar contra las fieras, mientras se pone a sí mismo como escudo protector de las ovejas, listo para sacrificarse para proteger a su rebaño. Luego contemplemos a Jesús, el ejemplo supremo de sacrificio del buen pastor, que dijo: "Yo soy el buen pastor; el buen pastor su vida da por las ovejas" (Jn. 10:11). Jesús era el pastor supremo, estuvo dispuesto a dar su vida por las ovejas. Del mismo modo, Dios llama a los padres a estar dispuestos a sacrificarse por el bien de su familia.

Estas ilustraciones bíblicas que mencionan a los pastores muestran los ejemplos que Dios ha provisto para los padres que indican cómo Él desea que ellos supervisen sus familias. Mucho de lo que un pastor hacía en los tiempos bíblicos todavía tiene aplicación para la tarea que Dios quiere que los papás desempeñen hoy a favor de sus familias.

El valor de un pastor

En lo que se refiere a lidiar con su rebaño, un pastor está bien ocupado. Hay mucho por hacer para proteger y cuidar de las ovejas; y los hijos son, en muchos sentidos, como ovejas, pues ellos también necesitan una mano fuerte y firme que los guíe. ¿Reconoces las muchas semejanzas en cómo las ovejas y los niños necesitan ayuda?

Por ejemplo, las ovejas no tienen conciencia de su necesidad de actuar con cautela, sino que tienen que ser guiadas fuera de peligro para que puedan sobrevivir. Del mismo modo, tus hijos son inexpertos y no se dan cuenta del mal que los rodea. A veces tus hijos pueden pensar que eres excesivamente protector y demasiado cauteloso, pero el mundo es un lugar malo y, si tú no diriges a tus hijos, otros lo harán. Ellos influirán negativamente en tus hijos o les harán daño. "Aunque ande en valle de sombra de muerte, no temeré mal alguno, porque tú estarás conmigo" (Sal. 23:4).

> Tus hijos pueden pensar que eres excesivamente protector... pero el mundo es un lugar malo y, si tú no diriges a tus hijos, otros lo harán.

Las ovejas son animales totalmente dependientes, hasta el punto de que deben ser llevados a la alimentación y el agua. Del mismo modo, tus hijos necesitan tu orientación. Tu liderazgo será necesario durante el tiempo que ellos estén bajo tu techo, y posiblemente más allá. Y es de esperar que todavía deseen tu consejo cuando estén viviendo por su cuenta. "Junto a aguas de reposo me pastoreará" (Sal. 23:2).

Las ovejas responden al amor y a veces necesitan ser empujadas. Tus hijos necesitan tu amor y tu disciplina. El amor sin disciplina es sentimentalismo. La disciplina sin amor es esclavitud. El papá según Dios es cuidadoso en mantener un justo equilibrio entre el amor y la disciplina. "Tu vara y tu cayado me infundirán aliento" (Sal. 23:4).

> El papá según Dios es cuidadoso en mantener un justo equilibrio entre el amor y la disciplina.

Los pastores de la iglesia y tú

Con la ascensión de Jesús al cielo en Hechos 1, y el nacimiento de la Iglesia con la venida del Espíritu Santo en Hechos 2, Jesús dejó el pastoreado del rebaño en manos de los apóstoles. A medida que la Iglesia crecía y se extendía por todas partes del mundo romano, los apóstoles ya no pudieron pastorear a todas las iglesias por sí mismos. Así que se nombraron nuevos pastores, y a estos los llamaron ancianos. Varios pasajes de la Biblia nos describen las responsabilidades de estos ancianos o líderes, y en esas descripciones encontramos la información que es útil para los papás que quieren pastorear bien su propio rebaño.

Empecemos con lo que escribió el apóstol Pablo. En Hechos 20 encontramos a Pablo que se dirigía a Jerusalén. En el camino hizo una breve parada en Mileto y allí reunió a los ancianos de la Iglesia que estaba cerca de Éfeso. Cuando los ancianos llegaron, Pablo les recordó sus deberes como pastores de Dios.

Los pastores están para vigilar y advertir: "Yo sé que después de mi partida entrarán en medio de vosotros lobos rapaces que no perdonarán al rebaño… Por tanto, velad, acordándoos que por tres años, de noche y de día, no he cesado de amonestaros con lágrimas a cada uno" (vv. 29, 31).

Los pastores deben ser siervos, administradores y ejemplos: "Apacentad la grey de Dios que está entre vosotros, cuidando de ella, no por fuerza, sino voluntariamente; no por ganancia deshonesta, sino con ánimo pronto; no como teniendo señorío sobre los que están a vuestro cuidado, sino siendo ejemplos de la grey" (1 P. 5:2-3). Algunos años después del discurso de Pablo en Mileto, Pedro escribió una carta a un grupo de iglesias y se refirió a sí mismo como "un anciano".

Te estás preguntando, *¿qué tienen que ver estas exhortaciones a los ancianos con que un padre sea como un pastor?* Si es así, me alegro de que lo preguntes. En 1 Timoteo 3:4, como parte de los requisitos para ser un pastor de la iglesia local, Pablo le dijo a Timoteo que mirara con cuidado el hogar de un hombre, que se fijara "que gobierne bien su casa, que tenga a sus hijos en sujeción con toda honestidad". Luego Pablo dijo: "el que no sabe gobernar su propia casa, ¿cómo cuidará de la iglesia de Dios" (1 Ti. 3:5)? El mensaje de Dios es que el liderazgo en el hogar es un requisito para ser un líder en la iglesia. El liderazgo en la iglesia comienza por ser un líder en el hogar.

> Dios valora a un hombre que es un pastor apropiado de su hogar, de su esposa e hijos.

No sé si el liderazgo de la iglesia es de interés para ti o no, pero Dios valora a un hombre que es un pastor apropiado de su hogar, de su esposa e hijos. Ese hombre ha de ser altamente honrado y es digno de ser considerado para el liderazgo. Pastorear correctamente a tus hijos es una calificación bíblica para el liderazgo. Así que hablemos más sobre cómo ser un pastor de tu rebaño, o tu familia.

Un papá alimenta su rebaño

Poner comida en la mesa para la familia es una de las tareas clave de un padre. Nunca se te ocurriría dejar que tu familia pase hambre de comida física. La iglesia, tus amigos y el mundo verían tu conducta como impensable. Según 1 Timoteo 5:8, te considerarían como alguien peor que un incrédulo.

Así que ¿por qué debería ser diferente cuando se trata de la comida espiritual? Parte de tu función como pastor espiritual de tu familia es proveer el alimento espiritual para sus almas. Esa comida solo puede venir de una fuente: la Palabra de Dios, la Biblia.

Echemos un vistazo a lo que Pablo escribió en Hechos 20. Dijo a los ancianos: "Porque no he rehuido anunciaros todo el consejo de Dios" (v. 27). Además, Jesús dijo a Pedro: "Apacienta mis ovejas" (Jn. 21:17). En el texto griego original de Juan 21:17, la palabra "apacienta" conlleva la idea de alimentar y nutrir constantemente a las ovejas. Ese era un deber primario de un pastor en la Iglesia: asegurarse de que sus ovejas (el pueblo) tuvieran la oportunidad de alimentarse de la Palabra de Dios. Del mismo modo, como pastor de tus hijos, tienes que hacer lo mismo. Debes asegurarte de que tus hijos estén expuestos constantemente a la Palabra de Dios. Si tomas en serio esa tarea, como debe ser, vas a encontrar la manera de...

- Asegurarte de que tus hijos te vean leer y estudiar la Biblia. Haz tuya propia la afirmación de Pablo: "Sed imitadores de mí, así como yo de Cristo" (1 Co. 11:1).
- Asegurarte de que ellos dediquen tiempo a leer la Biblia. Recuerda que un buen pastor hace que sus ovejas descansen y se alimenten en pastos verdes (Sal. 23:2). Una vez más, aquí es donde entra en juego tu ejemplo. Si tus hijos ven lo importante que es para que ti leer y estudiar la Biblia, también será importante para ellos. Un pastor siempre va delante.
- Procurar desarrollar la práctica de tener devociones con toda la familia. Tener este tiempo cosechará bendiciones espirituales incalculables en las vidas de tus hijos. Esa práctica tuvo sin duda una gran influencia en la vida de Jim Elliott, el gran mártir misionero cuyo compromiso con Cristo se forjó cuando era niño y participaba en las devociones regulares con su familia.
- Asegurarte de que tus hijos participen en la vida de la iglesia y del grupo de jóvenes con regularidad. ¿Quién en tu familia está liderando el camino para ir al templo fielmente y participar? ¿Por qué no, papá, como líder de su rebaño?
- Hacer de Cristo el centro de tus conversaciones con tus hijos. Esto ocurrirá solo si Cristo es el punto focal de tu vida.

Mientras procuras asegurarte de que tus hijos se alimenten de la Palabra de Dios, no te olvides de orar. Pídale a Dios todos los días que obre por medio de su Palabra y de su Espíritu en los corazones de tus hijos.

Un papá guía a su rebaño

Así como las ovejas necesitan un líder, tu familia necesita dirección. La mayoría de los hombres están involucrados en algún tipo de liderazgo en sus puestos de trabajo. Durante todo el día, mandan, lideran y dirigen a otros hacia objetivos específicos. Incluso el hombre que trabaja solo en su mayor parte también tiene oportunidades para ejercer liderazgo o tomar decisiones en el trabajo.

¿Estás practicando el liderazgo también en tu casa? ¿Qué implica eso?

El liderazgo es un estilo de vida. Algo pasa en el camino a casa desde el trabajo. No puedo explicarlo, pero la mayoría de las veces, cuando un padre abre la puerta de su casa al llegar del trabajo, es una persona diferente. La persona que practica el liderazgo en el trabajo y toma decisiones de forma cotidiana parece haber desaparecido. ¿Qué pasó?

No tengo dudas de que si tu casa estuviera en llamas, llevarías a toda tu familia a un lugar seguro. Estarías a la altura de la crisis. Ese liderazgo que es tan necesario en una crisis es lo que se necesita para tu familia todos los días. Cuando entras por la puerta de tu casa, la familia tiene que saber que el líder de su familia está de vuelta. ¡El papá está en casa!

Cada día está lleno de situaciones que, si no lidias con ellas adecuadamente y con amor y con decisión, podrían tener un efecto negativo en tu familia. De acuerdo, sobre una base del día a día, los problemas que enfrentas pueden no parecer una gran cosa. Pero con el tiempo, si dejas de ejercer un liderazgo continuado, los problemas más pequeños pueden hacerse mayores.

No dejes a tu familia a la deriva por la vida como un barco sin piloto. Reclama tu función ordenada por Dios. Ejércela. Hazla tuya. Tu familia te lo agradecerá.

El liderazgo sigue el manual. Busca ayuda en la Biblia. Para ser un líder espiritual, necesitas madurez espiritual. En el Nuevo

Testamento, los líderes de la Iglesia fueron escogidos no por lo que sabían, sino por lo que eran, esto es, hombres espiritualmente maduros. Su carácter era lo que más importaba. Si estás creciendo espiritualmente y caminas en obediencia al Espíritu de Dios, tienes la sabiduría que necesitas para ser un líder fiel para tu familia.

El liderazgo busca consejo. Cuando te piden que hagas un nuevo trabajo, el jefe generalmente te empareja con alguien que tiene la experiencia para enseñarte cómo hay que hacer la tarea. Eso mismo sucede en el reino espiritual. De la misma manera que Bill ha sido mentor de Greg, tú debes buscar un mentor que te pueda mostrar cómo liderar con amor a tu esposa e hijos. Observa y pasa tiempo con hombres en tu iglesia que son ejemplo de un liderazgo fuerte en sus hogares.

El liderazgo se interesa. Pastorear requiere que participes en todas las situaciones que tu esposa e hijos enfrentan. Algunas podrían solo requerir un poco de tu tiempo, mientras que otras pueden ser continuas y tomar un montón de tiempo. Haz preguntas. Conoce los hechos. Recibe consejos. Ordena tus pensamientos para tomar decisiones correctas. ¡Y ora! Si en el proceso de lidiar con un asunto desarrollas una convicción al respecto, haz valer tu papel como líder espiritual y disponte a tomar una decisión, aunque sea impopular (como decir que no a una hija que quiere empezar a salir a una edad temprana). Dios no te está pidiendo que seas popular, sino que guíes. Desempeña tu papel con amor y firmeza.

El liderazgo permite la ayuda. Muchas veces, cuando un esposo y padre no cumple con su papel como líder de la familia, su esposa tiene que intervenir y asumir la responsabilidad. Probablemente, ella no quiere la tarea, pero ha tenido que hacerlo. Si esto describe tu situación, siéntate con tu esposa y pídele su apoyo para ayudarte a retomar tu papel como líder de la familia. Supongo que quedarás muy sorprendido por lo feliz que las ves al escuchar tu petición. Y es una buena práctica hablar todos los días con tu esposa para conocer los problemas que ella y los hijos enfrentan. Esto te ayudará a estar informado de cómo puedes liderar y cuidar mejor de tu familia.

Un papá se sacrifica por su rebaño

A lo largo de los años, mientras viajaba y ministraba en muchos lugares, he sacado la impresión de que el sacrificio personal es un arte perdido para los papás. Lamentablemente, encuentro y observo que muchos papás no están dispuestos a sacrificar...

—su tiempo para estar con sus hijos
—sus intereses por el interés de sus hijos
—su diversión para divertirse con sus hijos
—su comodidad por la comodidad de sus hijos
—sus finanzas por el futuro de sus hijos

Ese no es el cuadro del plan de Dios para sus pastores del hogar: los papás.

Como sabes, la función de ser padre se inicia en el momento de la concepción, se intensifica en el nacimiento, y no se deja hasta la muerte del padre o del hijo. Veamos un par de mis pensamientos sobre el sacrificio:

Un papá sacrifica su tiempo. Un padre debe dedicar tiempo a enseñar, entrenar y preparar a su hijo para la vida. Eso incluye el tiempo que pasa dando instrucción espiritual, de comportamiento, de sentido común, e instrucción práctica sobre la habilidad de manejar el dinero y la sabiduría para la vida cotidiana, y así sucesivamente. Dios te ha llamado para que guíes a tus jóvenes prodigios a medida que ellos crecen hasta convertirse en adultos maduros y más allá.

Un papá sacrifica su dinero. Una gran parte de criar bien a tus hijos es asegurarte de que reciban una buena educación y formación para la vida. Ya hablamos de esta necesidad antes, pero no dijimos cuánto podría costar esa enseñanza y formación. Tus hijos tendrán que adquirir conocimientos y habilidades específicas que se necesitan para poder sobrevivir en este mundo, y eso probablemente va a requerirles ir a la universidad o una escuela vocacional.

Cuando se trata de educar y formar a tus hijos, tendrás que planificar con antelación el costo financiero involucrado. Eso puede significar algunos sacrificios de tu parte. Puede significar que renuncies a algunas cosas, o que debas conseguir un segundo trabajo, o tomar turnos extras. Puede significar que no compres un nuevo automóvil o una casita en la playa, o que no tomes unas vacaciones exóticas.

Si comienzas a ahorrar temprano, tus hijos tendrán algo de dinero para al menos empezar la universidad o la formación profesional. Si no lo haces, pondrás la carga financiera por completo sobre los hombros de tu hijo, quien no estará en condiciones de cubrir ese costo porque, a su vez, tendrá otras obligaciones financieras. Así que no dejes de planificar su futuro. La Biblia dice que "no son los hijos los que deben ahorrar para los padres, sino los padres para los hijos" (2 Co. 12:14, nvi).

¡Papá, tú puedes hacerlo!

Amigo, no conozco tus antecedentes familiares. No sé si tuviste un papá en casa mientras estabas creciendo, si tu papá fue un buen líder, o si tal vez fue un líder abusivo. Pero sí sé que Dios quiere que tú *lideres* a tu familia. Nadie más en esta tierra te puede sustituir como padre de tus hijos. Tus hijos son dones y privilegios únicos y especiales dados por Dios. Y Él ha puesto divina y soberanamente a esos hijos bajo tu cuidado.

Si te sientes un poco abrumado, o la idea de liderar tu hogar te suena como un concepto extraño, anímate. Dios nunca te pide que hagas algo sin darte todos los recursos necesarios para llevarlo a cabo. Necesitas su ayuda… y Él te la da. Necesitas su poder… y Él te lo da. Necesitas su gracia… y Él te la da. Necesitas su sabiduría… y Él te la da. La Palabra de Dios dice: "Como todas las cosas que pertenecen a la vida y a la piedad nos han sido dadas por su divino poder" (2 P. 1:3). En otras palabras, papá, tú puedes hacerlo.

Pequeños pasos que hacen una gran diferencia

1. *Ora durante tu regreso a casa desde el trabajo.* Este acto te ayudará a entrar por la puerta listo para liderar y darte a tu familia. Te enfocarás en ellos en vez de en ti mismo, y estarás preparado para manejar cualquier situación. Y mientras estés orando, pide a Dios que te dé sabiduría para guiar a tu familia y por todo lo que esté sucediendo en el hogar. El acto mismo de oración te recordará que debes vivir tu papel de pastor.

2. *Organiza devociones diarias con tu familia.* Parte de tu responsabilidad como pastor es alimentar a tu rebaño. Si no estás seguro de cómo empezar a tener devociones familiares, lee un capítulo en voz alta del Evangelio de Marcos cada día. Esto le enseñará a tu rebaño más acerca de Jesús, su Pastor. Las devociones familiares son una manera de asegurar que cada miembro de la familia esté recibiendo la Palabra de Dios para que puedan estar preparados para enfrentar los retos y las responsabilidades de la vida.

3. *Habla con tus hijos.* Un buen pastor conoce a sus ovejas. ¿Qué mejor manera de saber lo que está pasando en la vida de tus hijos que pasar unos minutos cada día con cada uno de ellos? Una forma rápida de averiguar es preguntar: "¿Qué es lo más difícil que has enfrentado hoy? Quiero estar seguro de orar por eso".

4. *Habla con tu esposa sobre los hijos.* Como parte de tus tareas como pastor, habla sobre las necesidades de cada hijo con tu esposa. Puesto que es probable que ella pase más tiempo con ellos que tú, ella puede darte información valiosa sobre sus problemas e inquietudes.

9

Un papá que es un centinela

Por tanto, velad, acordándoos, que… de noche y de día,
no he cesado de amonestar con lágrimas a cada uno.

HECHOS 20:31

Sed sobrios, y velad; porque vuestro
adversario el diablo, como león rugiente, anda
alrededor buscando a quien devorar.

1 PEDRO 5:8

Así como Proverbios 27:17 dice "Hierro con hierro se aguza", de ese mismo modo vio Greg sus reuniones semanales con Bill. Sí, Bill pudo haber sido duro como instructor del Ejército, pero Greg podía ver por qué muchos de los hombres que había dirigido durante esta época seguían manteniendo contacto con él. Bill era un gran líder, especialmente para su familia, y era también un gran maestro que sabía cómo relacionar las verdades espirituales con ejemplos de sus misiones militares.

Hoy no fue diferente. Al continuar Greg y Bill su estudio de Hechos 20 y del discurso del apóstol Pablo a los líderes de la iglesia en Éfeso, Bill hizo una recapitulación de la lección anterior sobre líderes como pastores de la iglesia, y los papás como pastores de sus familias.

A medida que avanzaba la reunión, el tema de ser un centinela se convirtió en el centro de su conversación. Así que fue apropiado que Greg y Bill hablaran acerca de algunas de las veces en combate cuando las cosas se pusieron muy mal porque alguien había dejado de alertar debidamente al campamento o a los compañeros del peligro inminente. Greg comentó que su campamento estuvo cerca de perderse porque el centinela enviado por adelante no había advertido a todos a tiempo para que pudieran establecer debidamente una posición defensiva. "Tuvimos mucha suerte en sobrevivir a ese ataque", dijo Greg. "Dios definitivamente nos protegió esa noche".

Luego de esa sobria reflexión, Bill y Greg abrieron sus Biblias para continuar su estudio de Hechos 20.

La necesidad de un centinela

Después de leer el capítulo anterior, espero que te estés dando cuenta de que tu papel como pastor de tu familia es alimentar y guiar a tu rebaño. En este capítulo, vamos a seguir adelante y reflexionar sobre otra función que los papás deben llevar a cabo. Tú debes vigilar y advertir. El apóstol Pablo describió esta responsabilidad a los líderes de la iglesia de Éfeso de esta manera:

> Porque yo sé que después de mi partida entrarán en medio de vosotros lobos rapaces, que no perdonarán al rebaño. Y de vosotros mismos se levantarán hombres que hablen cosas perversas para arrastrar tras sí a los discípulos. Por tanto, velad, acordándoos que por tres años, de noche y de día, no he cesado de amonestar con lágrimas a cada uno (Hch. 20:29-31).

Pablo sabía que el mundo es un lugar desesperado, y el enemigo, como lobos salvajes, está tratando de destruir la Iglesia. Y, mi amigo, ese mismo enemigo está tratando de destruir a tu familia. Por eso es tan necesario que veles por ellos.

La función de un centinela

Un papá que es el líder espiritual de su familia es a la vez un pastor y un centinela. La función principal de un pastor es alimentar y guiar a su rebaño, y otro deber que tiene es el de ser un vigilante, esto es, velar por su rebaño para protegerlo de los depredadores. En los tiempos bíblicos, la responsabilidad de un centinela era mantenerse despierto vigilando desde las murallas de la ciudad y advertir a los habitantes cuando un enemigo se acercaba o cuando los amenazaba algún otro tipo de dificultad.

En un momento durante el ministerio de Ezequiel, el profeta del Antiguo Testamento, Dios lo designó como centinela (atalaya). Eso significaba que la tarea de Ezequiel era escuchar las advertencias que Dios le comunicaba y luego transmitírselas al pueblo. Dios le dijo a Ezequiel que, cuando viera al enemigo, tenía que tocar la trompeta y advertir al pueblo (Ez. 33:3). Si la gente escuchaba la advertencia, pero no hacía caso, ellos serían responsables de las consecuencias de no prestar atención (v. 4). Sin embargo, en el versículo 6, Dios dice que si un centinela fallaba en advertir a las personas, el vigilante sería considerado responsable de cualquier daño que sufriera el pueblo.

Esto nos dice claramente que un centinela desempeñaba un papel importante en la protección y seguridad de una ciudad, o una iglesia, o un hogar. Con eso en mente, ¿qué debe hacer él para mantenerse vigilante?

Un centinela se mantiene preparado. El apóstol Pablo había pasado tres años en Éfeso pastoreando un grupo de nuevos creyentes. Había sido un centinela fiel. Había prestado cuidadosa atención a las tácticas del enemigo. Dijo: "Porque yo sé que después de mi partida entrarán lobos rapaces, que no perdonarán al rebaño" (Hch. 20:29).

Un poco antes, cuando Pablo estaba despidiéndose de los líderes de la iglesia de Éfeso y preparándose para marchar a Jerusalén, dijo: "Por tanto, mirad por vosotros" (Hch. 20: 28a). Les recordó que un buen centinela necesita mantenerse fuerte. En este caso, los ancianos de Éfeso tenían que vigilar primero su propia condición espiritual.

Un centinela se mantiene bien informado. Sabe lo que debe buscar. Durante la Segunda Guerra Mundial, se enviaron observadores a islas remotas del Pacífico Sur a lo largo de la trayectoria de vuelo de los aviones y buques de guerra japoneses. Para prepararse para su misión, los observadores fueron entrenados para identificar cada avión y buque de guerra enemigo. Esa información los ayudaba a transmitir información muy necesaria a los demás. Del mismo modo, un padre aprende lo necesario sobre cómo debe vigilar a fin de proteger a su familia.

Así que cuando piensas en tu papel como centinela de tu familia, te das cuenta de que tienes que velar por tu propia condición espiritual, y necesitas desarrollar los "ojos espirituales" que te permiten detectar los posibles ataques espirituales del enemigo sobre ti y tu familia. Si tus ojos espirituales están empañados, no serás capaz de reconocer las asechanzas del diablo contra ti y tus hijos. El apóstol Pedro describe al diablo como "león rugiente, anda alrededor buscando a quien devorar" (1 P. 5:8).

Sin ese conocimiento espiritual, no podrás velar por tu familia y distinguir los disfraces del diablo y verlo por quien es. Si tú, el vigilante, ignoras las estratagemas de Satanás, él puede causar estragos en tu vida. Y eso, a su vez, tendrá un efecto negativo en la vida de tus hijos. Pablo y Pedro nos aconsejan a ti y a mí: "Sed sobrios, y velad" (v. 8). ¡Estemos alerta! Un centinela sabe qué se espera de él y a qué debe prestar atención.

Vigilar requiere tiempo

Mientras escribo acerca de vigilar, no puedo dejar de recordar un momento determinado cuando Elizabeth y yo estábamos preocupados sobre cómo iban las cosas en la vida de nuestras hijas. Los asuntos que causaron nuestra preocupación no eran grandes, pero los reconocimos rápidamente porque habíamos estado vigilando como parte de nuestro deber como padres. Pudimos resolver esos problemas menores, pero nos ocupó tiempo, ¡mucho tiempo! No una hora o dos, sino como un mes o dos. Mirando en retrospectiva, estamos muy contentos de que estábamos alerta, nos dimos cuenta de los problemas, dimos la voz de alarma, y dedicamos el tiempo necesario para encontrar soluciones. Eso es lo que evita que los pequeños problemas se agraven.

Vigilar requiere tiempo y atención. Si ves que alguno de tus hijos tiene un problema incipiente, es necesario prestarle atención. No permitas que tu vida llegue a estar tan ocupada que no puedas ayudar a tus hijos en sus momentos de necesidad.

¿A qué debes prestar atención? Veamos algunas preguntas que debes hacerte a ti mismo mientras estás velando por tus hijos:

- ¿Qué está sucediendo en su vida ahora mismo? Y si algo nuevo está pasando (como un nueva amistad, una nueva casa en una ciudad diferente), ¿cuáles han sido los efectos?
- ¿Quiénes son sus amigos, y cuán bien los conoces?
- ¿Ha habido algún cambio negativo en sus actitudes y estados de ánimo?
- ¿Hay alguna indicación de rebelión hacia tu autoridad o la de tu esposa?
- ¿Hay cambios sutiles en su apariencia o en la ropa que ahora están eligiendo llevar?
- ¿Ha cambiado su actitud acerca de las cosas espirituales?

Estoy seguro que puedes pensar en otras preguntas. Lo importante es que dediques tiempo a observar a tus hijos. Conoce el estado de tu rebaño. Sé prudente y sigue este consejo de Proverbios 27:23: "Sé diligente en conocer el estado de tus ovejas, y mira con cuidado por tus rebaños". En otras palabras, presta atención como un buen centinela.

Un centinela advierte

Si te das cuenta de un cambio negativo en el comportamiento, significa que has estado alerta y vigilante. Pero tu trabajo no ha terminado todavía. Una vez que hayas observado que los cambios están teniendo lugar, no esperes hasta que sea conveniente para ti y tu horario para hablar de las señales de aviso con tu hijo o hija. Esperar solo aumenta la posibilidad de que los "muros" del corazón de tu hijo hayan sido violados por el enemigo, lo que significa que has bajado la guardia como vigilante.

> No permitas que tu vida llegue a estar tan ocupada que no puedas ayudar a tus hijos en sus momentos de necesidad.

No es suficiente que solo veas las señales de que el enemigo se está acercando. También debes dar los pasos siguientes, esto es, identificar el peligro, pasar a la acción, y eliminar la amenaza. Pablo fue muy gráfico en su descripción de lo que el enemigo es capaz de hacer: "Porque yo sé que después de mi partida entrarán lobos rapaces, que no perdonarán al rebaño" (Hch. 20:29).

Advertir a tus hijos de un peligro espiritual inminente no siempre resulta fácil. Tus hijos no pueden ver, tan bien como tú, las batallas espirituales que se libran a su alrededor. No tienen tu punto de observación ventajoso de centinela en la parte superior del muro, y carecen de tu conocimiento y experiencia acerca de los peligros que pueden sobrevenirles. Por tanto, pueden responder diciendo: "¿Por qué estás tan tenso?, ¿por qué no puedes dejarme tener un poco de diversión?, ¿qué pasa con mis amigos?, ¿por qué tengo que ir al templo?".

Estos son los momentos en los que es absolutamente necesario que tú guíes. Debes "[tomar] toda la armadura de Dios, para que [tú y tu hijo] podáis resistir en el día malo, y habiendo acabado todo, estar firmes" (Ef. 6:13). Cuando tu hijo está en peligro espiritual, tu amor y tu papel como centinela requieren que actúes. ¿Cuáles son algunos pasos que puedes dar para advertir a tus hijos?

—Empieza diciéndoles que tu amor por ellos es lo que te impulsa a advertirles de esos peligros espirituales.

—Revisa el plan de salvación. Si ellos son verdaderos creyentes en Cristo y nacidos de nuevo en Él, van a querer y tratar de actuar como hijos de Dios.

—Muéstrales en la Biblia lo que está mal con lo que están haciendo o queriendo hacer.

—No permitas que te excluyan. Persiste con amabilidad en hablarles de los cambios que estás observando.

—No cedas a su deseo de rebelarse. Ora con ellos acerca de su vida y la voluntad de Dios.

—Asigna pasajes de la Biblia que tengan que ver con la rebelión y la desobediencia para que los lean (1 S. 15: 22-23).

—Conversa con ellos sobre su elección de amigos y de cualquier influencia negativa que otros estén teniendo en su vida.

—Demuestra tu firme decisión de luchar a diario por su alma y durante todo el tiempo que sea necesario hasta que cambien.

No es nada fácil ser "aguafiestas" o "el malo" a los ojos de tus hijos. Pero debido a que los amas, estarás dispuesto a adoptar una posición firme cuando se trata de su protección espiritual.

Veamos lo que un comentarista de la Biblia escribió sobre el apóstol Pablo en relación con las palabras de advertencia que dirigió a los ancianos de Éfeso, según Hechos 20 (por cierto, esto fue escrito bajo el subtítulo "Nada de cobardía"):

> [Pablo] entendió que no puede haber crecimiento en Cristo sin la transmisión de la verdad. ¿Estás cumpliendo con tu responsabilidad dada por Dios de declarar la verdad de Dios a quienes Él ha puesto soberanamente en tu vida: un cónyuge, un vecino, un hijo? ¿O estás vacilando y retrocediendo ante esa tarea? La única manera de tener una conciencia limpia es confiar en Dios y con valentía hablar...[1]

Cumple con tu tarea de centinela

No sé en qué etapa de la crianza de los hijos te encuentras en este momento, pero jamás pierdas el ánimo. Mantente firme. Las recompensas por desempeñar con tenacidad tu papel de centinela serán grandes no solo ahora, sino para toda la vida por venir, y más allá. Así que, ¡ánimo! Otros lo han hecho antes que tú y también enfrentaron algunas de tus mismas preocupaciones. Haz lo que Elizabeth y yo hicimos cuando tuvimos problemas, y busca consejo de otros. No seas demasiado orgulloso para pedir ayuda. Puede que el problema no sea tan grave como parece, y la reafirmación de los demás te fortalecerá para batallas aún más grandes, mientras tus hijos siguen madurando.

Y hablando de consejos: un padre nos dio a Elizabeth y a mí la analogía de la crianza de hijos comparándola con una carrera de 10 kilómetros. Dijo que hay tres tipos básicos de padres:

Los padres de los 5 kilómetros. Algunos padres acompañan a sus hijos hasta la línea de los 5 kilómetros y se alejan. Esto sucede

1. Burce B. Barton, ed., *Life Application Bible Commentary—Acts* (Wheaton, IL: Tyndale House, 1999), p. 349.

en algún momento durante los años de escuela secundaria. Ellos dicen a sus hijos: "Ya tienes edad suficientemente como para saber lo que es bueno y lo que es malo. No te metas en problemas. ¡Buena suerte!".

Los padres de los 9 kilómetros. Otros padres acompañan a sus hijos todo el camino hasta la graduación de la escuela secundaria, a la línea de los 9 kilómetros. En la mente de los padres, su responsabilidad ha terminado. Dicen a sus hijos: "Tienes 18 años de edad; ya eres lo suficientemente mayor como para tomar tus propias decisiones. Ahora ya puedes valerte por ti mismo. ¡Haz que estemos orgullosos de ti!".

Los padres que cruzan la línea de llegada. Luego están los padres sabios que están con sus hijos a lo largo de todo el camino hasta la línea de llegada. Se quedan a su lado durante todo el tiempo que tardan en prepararse adecuadamente para florecer tanto física como espiritualmente. Eso puede continuar durante toda la universidad, hasta el matrimonio, o hasta algún otro momento, pero en todo caso, ellos hacen el compromiso de llegar hasta el final. Y en la mayoría de los casos, los hijos están contentos por el interés y estímulo continuo de sus padres en sus vidas.

Confía tus hijos a Dios

Te diré algo que se queda corto: *Ser padres es una de las cosas más difíciles que tendrás que hacer.* No es fácil. En realidad, es francamente difícil. Pero…

> si perseveras en Dios,
> si haces tu parte en la crianza de tus hijos para Dios,
> si persistes con sus hijos,
> si resistes las presiones de la sociedad,

…vas a experimentar gran bendición de tus hijos. Pero debes hacer tu parte como el apóstol Pablo hizo con los líderes de la iglesia de Éfeso. De igual manera que el apóstol Pablo alertó a los ancianos sobre la protección del rebaño, tú debes estar alerta en el cuidado de tus hijos. ¿Cómo puedes hacerlo?

Confía en la oración. Pablo dijo a los ancianos de Éfeso: "Os encomiendo a Dios" (Hch. 20:32). Pablo se comprometió a orar por ellos. En realidad, pasó su vida orando no solo por estas personas, sino por todas las iglesias.[2]

Como padre, probablemente has pasado mucho tiempo centrado en tus hijos. Desde el momento de la concepción, comenzaste a prestarles atención. Empezaste por la decoración de sus habitaciones. Iniciaste tu papel de centinela al asegurarte de que vivías en un barrio seguro. Averiguaste qué barrios tenían las mejores escuelas. Has procurado que tus hijos tengan una formación lo más completa posible dándoles estudios de música, gimnasia y clases de natación y permitiéndoles participar en varios deportes. Y, por supuesto, les has dado una buena vida en el hogar. Los has criado, alimentado, protegido, y entrenado. Pero en el análisis final, incluso tus mejores intentos humanos de ser vigilante no son suficientes si existe una carencia en la oración que haces a favor de ellos. ¿Por qué?

> No hay sustituto para tus oraciones apasionadas a favor de tus hijos.

Porque la oración habla de dependencia de Dios. Tú confías en que tus esfuerzos humanos en vigilar y advertir ayudarán a que tengas hijos buenos, pero sólo la oración puede ayudarte a criarlos y formarlos conforme al corazón de Dios. No hay sustituto para tus oraciones apasionadas a favor de tus hijos. Es así porque la oración expresa la confianza en Dios y reconoce tu dependencia en Él para obrar en los corazones de tus hijos.

Si deseas confiar en Dios para el futuro de tus hijos, debes ponerlos en sus manos misericordiosas mediante la oración diaria.

Confía en la Palabra de Dios. Pablo primero confió los líderes de la iglesia en Éfeso "a Dios" en sus oraciones, pero luego añadió "y a la palabra de su gracia" (v. 32). Aunque la oración es esencial, debe ir acompañada de la obediencia a la Palabra de Dios. Pablo puso a los líderes de la iglesia de Éfeso ante Dios en oración, y aquí en el versículo 32 pone la Biblia delante de ellos. Como un

---

2. Ver Romanos 1:9-10; Efesios 1:15-16; Filipenses 1:4; 1 Tesalonicenses 1:2-3; 2 Tesalonicenses 1:11; 2 Timoteo 1:3; Filemón 4.

mesero que trae la comida a las personas que esperan en una mesa de restaurante, Pablo coloca la Palabra de Dios ante los ancianos de Éfeso durante su tiempo con ellos.

Él ahora confía en Dios que a medida que los líderes en Éfeso continúen estudiando la Palabra, su vigilancia espiritual permanecerá bien alerta. Sí, los lobos rapaces merodean alrededor, pero Pablo confía en que la Palabra de Dios mantendrá a sus queridos amigos seguros y los edificará espiritualmente.[3]

Como un padre que vela por las necesidades materiales y espirituales de sus hijos, la confianza del apóstol en el poder de la Palabra de Dios debe darte un modelo a seguir. Ora por tus hijos: por su salvación, crecimiento espiritual y madurez. Y recuerda que la Palabra de Dios es tu guía para la crianza de los hijos. No solo los estás criando con el fin de que lleguen a la edad adulta. Más bien, los estás criando con la esperanza y la petición de que se conviertan en creyentes maduros que reflejen a Jesús en sus acciones y actitudes. Entonces, cuando tus hijos sean mayores, tanto en su empleo, como en el cuidado de sus propios hijos y en las relaciones con otros en su comunidad, van a irradiar el amor de Jesús a un mundo necesitado.

¡Papá, tú puedes hacerlo!

Vigilar es una cosa. Incluso un maestro o un desconocido puede notar si tus hijos están en problemas. Pero solo tú puedes ir más allá de lo que se observa en tus hijos para corregir lo que estás viendo. Sé fuerte, papá. Cumple con tu función de centinela. Date cuenta de la importancia que la oración y la Palabra de Dios tienen en el proceso de la crianza de los hijos. Como Pablo dijo a Timoteo, su hijo en la fe: "Toda la Escritura es... útil para enseñar, para redargüir, para corregir, para instruir en justicia". El propósito de alentar a tus hijos a que crezcan en la Palabra de Dios es "que el hombre de Dios sea perfecto, enteramente preparado para toda buena obra" (2 Ti. 3:16-17).

¿No es reconfortante que a través de todos los días y noches de velar por tus hijos y de dirigirlos activamente hacia Dios los estás

---

3. Ver 1 Tesalonicenses 2:13; 2 Timoteo 3:16-17; 2 Pedro 3:18.

preparando para lanzarlos al mundo como hombres o mujeres según el corazón de Dios? Si eres fiel en inculcarles la Palabra de Dios en sus vidas y corazones, ellos poseerán los recursos que necesitan para protegerse a sí mismos y luego vigilar y alertar a sus propias familias.

Pequeños pasos que hacen una gran diferencia

1. *Construye un muro alrededor de tu familia.* A lo largo de los siglos, la gente construía muros alrededor de sus ciudades y hogares para protegerse. Sin esas murallas, el pueblo y sus casas eran vulnerables. Los muros mantenían fuera el peligro, y porque eran altos, también proporcionaban un lugar de observación muy ventajoso para detectar a un enemigo desde la distancia.

Como papá, tu deber es ser un centinela bien alerta. Construye un muro tan alto como puedas alrededor de la familia que amas. Construye sobre la base de la lealtad al Señor y sus normas. Entonces, como tu título de *centinela* indica, está atento a los enemigos que se acercan que podrían poner en peligro tu rebaño.

2. *Cultiva una vida de oración sólida.* Tal vez no seas un guerrero de oración que se enclaustra a sí mismo durante múltiples horas al día en oración. Pero puedes ser un papá que dedica habitualmente cinco o diez minutos cada día para orar fervientemente por sus hijos, esposa y hogar. Y a medida que avanza el día, dedica miradas frecuentes a una foto de tu familia en el teléfono o en tu escritorio en el trabajo o en tu equipaje de mano cuando viajas. Orar por tus hijos no ocupa mucho tiempo, pero tus peticiones pueden extenderse durante todo el día si haces peticiones breves y específicas a Dios por cada uno de tus seres queridos.

3. *Observa las amistades de tus hijos.* Después de los padres, los amigos son los que ejercen la mayor influencia en la vida de tus hijos. Asegúrate de invitar a sus amigos a la casa y así conocer más de cerca y de forma personal a aquellos con quienes tus hijos están pasando tiempo. Mientras que observas a sus amistades, enseña a tus hijos cómo elegir el tipo correcto de amigos. Ayuda a cada hijo a hacer una lista de las cualidades que son bíblicas

y deseables en un amigo. (Sugerencia: el libro de Proverbios es explícito en decir a los jóvenes con exactitud qué tipo de amigos tener y no tener).

*La tarea de un centinela es rutinaria
hasta que descubre al enemigo.*

10

Un papá que es un guía

*Te hare entender, y te enseñaré el camino en
que debes andar; sobre ti fijaré mis ojos.*

SALMO 32:8

*David, después de servir a su propia generación
conforme al propósito de Dios, murió.*

HECHOS 13:36 (NVI)

Además de ser un cristiano espiritualmente maduro, un
marido cariñoso y un buen padre, Bill, el mentor de Greg,
había estado también en el Ejército como Greg. Durante una de
sus últimas reuniones, Bill había dado a Greg otro de los breves
destellos que a menudo compartía sobre sus años en el Ejército.
Siempre un maestro, Bill utilizaba a veces historias de guerra para
ilustrarle verdades espirituales a Greg. Hoy, mientras miraba a lo
lejos, le habló a Greg acerca de un tiempo cuando metieron a su
pelotón durante la noche en una zona tribal hostil en Afganistán.
Su objetivo era apoderarse de un pueblo controlado y capturado
por varios altos dirigentes talibanes. La operación fue un éxito, ya
que se había realizado después de bastante planificación previa.
Pero también fue clave para su éxito que su pelotón contara con
la ayuda de un guía que conocía bien la zona y los dirigió a su
objetivo.

Bill luego se volvió hacia Greg y le dijo: "Tú eres como aquel
guía en nuestra misión. Tu pequeña hija te necesita para que la

dirijas a su meta, para que le muestres el camino a fin de cumplir el propósito de Dios para su vida".

Cumplir el propósito de Dios

Si bien no es posible conocer el futuro que les espera a tus hijos, *sí* puedes guiarlos hacia el futuro que Dios quiere para ellos, a su propósito para sus vidas. Así como el guía de Bill en Afganistán ayudó a que la misión de su pelotón fuera exitosa, del mismo modo puedes ayudar tú a tus hijos a caminar en la dirección correcta para que sean capaces de cumplir con su propósito en la vida.

Lo que me hizo pensar en el propósito de Dios me vino a la mente mientras leía Hechos 13:22 en la traducción de la NVI: "He encontrado en David, hijo de Isaí, un hombre conforme a mi corazón; él realizará todo lo que yo quiero". Seguí leyendo hasta terminar el capítulo 13 y legué al versículo 36, que habla del propósito de Dios: "Ciertamente David, después de servir a su propia generación conforme al propósito de Dios, murió".

Allí estaba, claro como el agua. Un hombre o un papá conforme al corazón de Dios cumple el propósito de Dios. ¿Sabes que tienes un propósito? Como hijo de Dios, tienes un destino. Dios tiene un plan para ti. Confiamos en que quieras saber cuál es ese propósito. ¿Y cuál es? Bueno, por ejemplo, si tienes hijos, sabes que parte del plan de Dios incluye que, como padre, facilites la formación de tus hijos (Dt. 6:6-7; Pr. 22:6).

Así como tu meta personal es "servir al propósito de Dios" como un padre, también debes ayudar a tus hijos a lo largo del camino a encontrar el propósito de Dios para sus vidas. Qué gran privilegio tienes, encaminar a tus hijos a Dios para que ellos puedan permitir que Él desarrolle su propósito para cada uno de ellos.

¿Cómo puedes guiar a tus hijos a saber cuál es el propósito de Dios para ellos? Hay varias prácticas cotidianas que pueden usar en su propia vida y que, con el tiempo, permitirán que Dios dirija su camino. Veamos cuales son estas prácticas para la vida:

Práctica #1: Sé un lector

La lectura es la ventana a todo aprendizaje. Anima a tus hijos a ser lectores. Eso los abre al mundo y al conocimiento y las experiencias de los demás. Dios le dijo a Josué exactamente cómo llevar a cabo la misión de Dios para él:

> Nunca se apartará de tu boca este libro de la ley, sino que de día y de noche meditarás en él, para que guardes y hagas conforme a todo lo que en él está escrito; porque entonces harás prosperar tu camino, y todo te saldrá bien (Jos. 1:8).

A Josué se le dijo que leyera las leyes de Dios, meditara en ellas y las obedeciera. Entonces él tendría éxito a los ojos de Dios. Ese es un buen consejo para los padres y los hijos. Si quieres ser sabio y quieres que tus hijos también lo sean, asegúrate de leer la sabiduría de los demás, especialmente aquella contenida en la Biblia.

La sabiduría y el conocimiento no se alcanzan sin esfuerzo. Una buena parte de ese esfuerzo es la lectura. Desafortunadamente, varias estadísticas muestran que los hombres compran muchos menos libros que las mujeres. Es común escuchar a profesionales de publicaciones cristianas decir que las mujeres compran alrededor del 80 por ciento de todos los libros cristianos vendidos, mientras que los hombres compran solo un 20 por ciento.

Es así de simple: si tú no consideras que la lectura es importante, es probable que tus hijos también piensen así. Tú mismo tienes que estar convencido de que ser un lector es una parte importante del crecimiento espiritual y mental. Solamente si das ejemplo a tus hijos, ellos se convertirán en lectores.

Tal vez no te guste leer y nunca te haya gustado. Y tal vez no lees porque te cuesta hacerlo. Pero no tiene por qué ser así. La lectura es como cualquier otra habilidad. ¿Cómo se aprende una habilidad? Se empieza desde el principio y se la desarrolla con práctica. Comienza eligiendo libros sobre temas que te interesan: historia, salud o entretenimiento. O empieza a leer libros que te ayuden a resolver un problema con el que estás luchando: cómo administrar mejor tu tiempo, cómo ser un mejor vendedor, cómo ser un mejor esposo y padre.

Si las finanzas están apretadas y no tienes dinero para comprar libros, puedes ir a tu biblioteca pública local, que es una mina de oro de sabiduría. Y si la biblioteca no tiene el libro que andas buscando, puedes solicitar que ellos lo pidan a otra biblioteca.

Una vez que comiences a hacer de la lectura un hábito, descubrirás la verdad de la afirmación: "La lectura es a la mente lo que el ejercicio es al cuerpo".[1] Una buena manera de ponerte en marcha es fijar la meta de leer un capítulo cada día. Dedica un tiempo para que esto suceda, por ejemplo, mientras almuerzas o cuando vas a una cafetería.

Para ayudarte a recordar lo que aprendes, no temas marcar el libro. Subraya las porciones que te llaman la atención, o escribe notas en el margen o en el interior de la contraportada del libro. De esa manera, podrás entrenarte para retener mejor la información importante.

Y no olvides, la Biblia es el *primer* libro que tú y tus hijos deben tener y leer. Busca una traducción que te guste, que te resulte fácil de leer y entender. Está bien si decides utilizar la misma traducción que tus hijos están leyendo.

Práctica# 2: Sé estudioso

A medida que tus hijos se vuelvan más activos como lectores, se verán a sí mismos aprendiendo continuamente cosas nuevas. ¿Qué mejor manera de pasar parte de tu tiempo de la cena como una familia que dejar que tus hijos compartan lo que están descubriendo en sus libros? Te sorprenderás cuando uno de ellos diga: "Les voy a contar algo realmente interesante que leí hoy".

Como papá, debes ayudar a que tus hijos se den cuenta de que la escuela no es el único lugar para aprender. Más bien, aprender es un estado mental, una actitud. Puede tener lugar en cualquier momento. Ayuda a tus hijos a darse cuenta de que...

> el aprendizaje es progresivo y gradual;
> el aprendizaje no depende de su coeficiente
>   intelectual;
> el aprendizaje no distingue entre razas;
> el aprendizaje no requiere un aula formal;
> el aprendizaje no requiere un título.[2]

---

1. Joseph Addison como se cita en Albert M. Wells, Jr., ed., *Inspiring Quotations, Contemporary and Classical,* (Nashville, TN: Thomas Nelson, 1988), p. 168.

2. Jim George, *A Man After God's Own Heart* [*Un hombre conforme al corazón de Dios*] (Eugene, OR: Harvest House, 2004), p. 142. Publicado en español por Editorial Portavoz.

De nuevo, aprender es una actitud. Y puedes inculcar esa actitud en tus hijos a medida que los guíes a toda clase de experiencias de aprendizaje, por ejemplo, a visitar museos y acuarios, ver
videos y programas de televisión educativos, y explorar nuevos
lugares durante sus vacaciones. A medida que tus hijos aprendan, no olvides relacionar su nuevo aprendizaje con Dios mismo.
Incluye a Dios en la imagen. Deuteronomio 6:7 exhorta a los
padres: "hablarás de ellas [las maravillas de Dios y de la creación]
estando en tu casa [con tus hijos], andando por el camino".

Práctica #3: Sé diligente

Enseñar a tus hijos a ser diligentes los impulsará a lo largo del
camino para cumplir el propósito de Dios. De hecho, eso es lo
que Dios quiere que hagamos. Colosenses 3:17 dice: "Y todo lo
que hacéis, sea de palabra o de hecho, hacedlo todo en el nombre
del Señor Jesús". Esta exhortación se repite en 1 Corintios 10:31:
"Si, pues, coméis o bebéis, o hacéis otra cosa, hacedlo todo para
la gloria de Dios".

En una carta personal sobre las tareas pastorales de Timoteo,
el apóstol Pablo exhortó a su joven discípulo: "Procura con diligencia presentarte a Dios aprobado, como obrero que no tiene de
qué avergonzarse, que usa bien la palabra de verdad" (2 Ti. 2:15).
Aquí, Pablo actuó como un padre para con su hijo en la fe y lo
animó a ser diligente. Un comentarista de la Biblia explicó: "El
estudio continuado y diligente de la Palabra de Dios es vital; de
otra manera, nos veremos empujados a descuidar a Dios y nuestro
verdadero propósito en la vida".[3]

Dios te está pidiendo que desarrolles ese mismo tipo de diligencia en todo lo que hagas. Quiere que seas el mejor y des lo
mejor. ¿Por fama o fortuna? No, para la gloria de Dios. Tú repre-
sentas a Cristo. Si haces esto en el hogar como padre, o en la
iglesia, o en tu trabajo, ¿adivina qué? Vas a ser una influencia
positiva en todas estas esferas. Lo mejor de todo es que tus hijos
te admirarán y te imitarán.

No puedes obligar a tus hijos a ser diligentes, pero puedes ser

---

3. Bruce B. Barton, *Life Application Bible Commentary—1 Timothy, 2 Timothy, Titus*
(Wheaton, IL: Tyndale House, 1993), p. 192.

un ejemplo de diligencia para ellos. En cada oportunidad que tengas, incúlcales esa práctica bíblica en sus corazones y mentes. Empieza ahora, sin importar su edad. Nunca es demasiado pronto ni demasiado tarde para modelar y enseñar diligencia en todas las áreas de la vida.

Práctica #4: Sé un siervo

Como cristiano, tienes que abordar todo en la vida como un siervo. Eso se aplica a tu participación en la iglesia, tu actitud en el lugar de trabajo, y en especial a tus funciones en el hogar como esposo y padre. Jesús se puso a sí mismo como un ejemplo para ayudarnos a entender lo que significa ser un siervo. Veamos cómo lo hizo.

> **Como cristiano, tienes que abordar todo en la vida como un siervo.**

Una semana antes de su muerte, Jesús y sus discípulos caminaban juntos hacia Jerusalén. En el camino, dos de sus discípulos, Santiago y su hermano Juan, le pidieron a Jesús que les diera lugares especiales de honor en el futuro reino de Cristo. ¿Cómo respondió Jesús?

> Entonces Jesús, llamándolos, dijo: Sabéis que los gobernantes de las naciones se enseñorean de ellas, y los que son grandes ejercen sobre ellas potestad. Mas entre vosotros no será así, sino que el que quiera hacerse grande entre vosotros será vuestro servidor, y el que quiera ser el primero entre vosotros será vuestro siervo; como el Hijo del Hombre no vino para ser servido, sino para servir, y para dar su vida en rescate por muchos (Mt. 20:25-28).

¿Quieres que tus hijos sean "grandes" (es decir, prominentes o poderosos) o quieres que sean una influencia positiva? Entonces guíalos a que sean humildes y serviciales. ¿Cómo se hace eso? Siendo tú mismo un ejemplo de servidumbre. Da un buen ejemplo a tus hijos que ellos puedan imitar. Esto requiere que tú entiendas lo que significa ser un siervo.

Un siervo tiene una postura humilde. El orgullo, la arrogancia, y la actitud de superioridad son conceptos ajenos a un siervo. Dirige la atención de tus hijos a Jesús. Muéstrales lugares en las Escrituras donde se les enseña a no pensar o actuar como si ellos fueran mejores que otros. Muéstrales a Jesús como se lo ve en este poderoso pasaje de la Biblia: "Nada hagáis por contienda o por vanagloria; antes bien con humildad, estimando cada uno a los demás como superiores a él mismo; no mirado cada uno por lo suyo propio, sino cada cual también por lo de otros" (Fil. 2:3-5).

Luego Pablo continúa diciendo: "Haya, pues, en vosotros este sentir que hubo también en Cristo Jesús, el cual, siendo en la forma de Dios, no estimó ser igual a Dios como cosa a que aferrarse… se humilló a sí mismo, haciéndose obediente hasta la muerte" (Fil. 2:5,8).

Un siervo pide, no exige. La forma en que decimos las cosas muestra la intención de nuestro corazón. Una persona (y un padre) que no *exige*, sino que *pide* es ejemplo de una actitud de respeto hacia las personas a quienes se dirige. Como jefe, esposo o padre, quizás pienses que tu credibilidad como líder exige "ladrar" directivas autoritativas y ásperas. Sin embargo, Jesús, como judío, no exigió agua de alguien que los judíos consideraban una persona inferior: samaritana y, además, mujer. No demandó "saca agua del pozo y dámela". Más bien, pidió el favor: "Dame de beber". Asombrada, la mujer samaritana respondió: "¿Cómo tú, siendo judío, me pides a mí de beber, que soy mujer samaritana?" (Jn. 4:7, 9).

El respeto hay que ganárselo. Trata de bajar el tono de tus órdenes cuando te dirijas a tu familia y observa qué pasa. Definitivamente, esta es una lección que tus hijos deben aprender.

Un siervo da y no quita. Quitar es tendencia natural. Es egoísta y es la actitud de autopreservación. Muchas de las personas que encuentras en el trabajo o en otros lugares se caracterizan por tomar lo que necesitan. Creen que tú y otros a su alrededor están allí para servirlos, promoverlos y ayudarlos. Toman tu tiempo, tu energía, tus ideas, y todo lo que puedan conseguir de ti.

Hay otra palabra para eso: *egoísmo.* Es parte de la naturaleza humana pecaminosa. Y no creo que te sorprenda saber que tus hijos fueron egoístas desde el primer día de sus vidas. Aquí es donde entran tú y tu esposa. La tarea como padres cristianos es alejar a los hijos de la conducta egoísta. Tienen que enseñarles a dar y no a quitar, y la mejor manera de hacer eso es siendo ustedes un ejemplo en sus propias vidas.

Puede que hayas oído antes este reto: cuando trates con una persona o vayas a un lugar, procura que, al dejarlos, estén en una mejor situación que cuando los encontraste. He tratado de seguir ese axioma desde que lo escuché por primera vez. Este principio de vida es la definición de dar. ¡Qué actitud tan excelente! Esto puede ser tan simple como apagar la luz al salir de una habitación, o poner tu carro de compras vacío en su lugar designado, o nunca dejar a una persona sin una palabra de aliento o una mano amiga. En todo lo que hagas, da gratuitamente, generosamente, sin esperar nada a cambio.

Imagínate cómo ser un modelo de esa actitud va a beneficiar a tus hijos. Piensa en qué puedes darles a ellos mientras conduces a casa cada día desde el trabajo. ¿Tiempo? ¿Amor? ¿Atención? ¿Consejos? ¿Un hombro para llorar? ¿A una persona o una familia en necesidad? La lista de oportunidades para dar es ilimitada. Tu enfoque en la entrega anima a tus hijos a convertirse en dadores.

Práctica #5: Busca el camino más alto

¿Te estás todavía preguntando cuál es el propósito de Dios para ti y tus hijos? Bueno, ciertamente no es que simplemente sobrevivan, o tomen el camino más fácil o busquen excusas. Estas acciones son lo que la gente a menudo llama "tomar el camino inferior".

> Por el camino inferior viajan muchos porque resulta más fácil.
> El camino inferior ofrece pocos retos y, por tanto, produce poco o ningún crecimiento.
> El camino inferior ofrece una zona de comodidad que libera a los viajeros de las tensiones que pueden producir crecimiento.
> El camino inferior ofrece muchas oportunidades para satisfacer nuestros deseos e ignorar el autocontrol.

El camino inferior da la apariencia de ofrecer mayores recompensas por un menor esfuerzo.

El camino inferior es todo cuesta abajo.

Este camino inferior parece bastante bueno, ¿no es cierto? Entonces, ¿por qué tienes que tomar el camino más alto y guiar a tus hijos también por él?

El camino más alto es siempre el más difícil. Está menos transitado. Menos personas intentan recorrerlo. Pero siempre nos lleva a lo mejor de Dios.

El camino más alto ofrece las mejores oportunidades de crecimiento y desarrollo.

El camino más alto es difícil al principio, pero al ir caminando y con la experiencia se vuelve más fácil.

El camino más alto, aunque es difícil, produce excelencia, mientras que el camino inferior produce indolencia.

El camino más alto tiene muchos ejemplos bíblicos, como...

Abraham. Dejó su tierra y familia sin saber a dónde iba.

Moisés. Eligió dejar el palacio del faraón.

Rut. Prefirió dejar su familia y país para servir al Dios de Israel.

Jesús. Dejó la perfección del cielo para sufrir y morir por los pecados de la humanidad.

Los doce discípulos. Decidieron dejar sus familias y negocios para seguir a Jesús.

Pablo. Eligió seguir a Cristo y sufrir toda una vida de persecución, viajes peligrosos y martirio.

Por último, el camino más alto, el camino de la excelencia, no deja nada que lamentar.

Una de las razones más convincentes para buscar el camino más alto es que el camino inferior es el favorito de Satanás. Es el camino que se ofreció a estas personas:

> *Eva.* En vez de tomar el camino de la obediencia y hacer lo que Dios dijo: no comas "del árbol de la ciencia del bien y del mal"; ella escuchó a Satanás, quien dijo: "Sabe Dios que el día que comáis de él, serán abiertos vuestros ojos, y seréis como Dios, sabiendo el bien y el mal" (Gn. 2:17; 3:5).

> *Acán.* Cuando los israelitas se preparaban para la batalla de Hai, Dios les dijo que no tomaran nada de los despojos de la batalla porque esos despojos pertenecían a Dios (siempre el camino más alto). Pero Acán vio la plata y el oro y se los quedó (el camino más bajo, lee Josué 7).

> *Jesús.* El diablo le ofreció a Jesús tres veces el camino más bajo después de haber terminado 40 días de ayuno en el desierto:

> > "Si eres Hijo de Dios, di que estas piedras se conviertan en pan" (Mt. 4:3).

> > "Si eres Hijo de Dios, échate abajo; porque escrito está: A sus ángeles mandará acerca de ti, y en sus manos te sostendrán" (v. 6).

> > "Otra vez le llevó el diablo a un monte muy alto, y le mostró todos los reinos del mundo y la gloria de ellos, y le dijo: Todo esto te daré, si postrado me adorares" (vv. 8-9).

> *Ananías y Safira.* Vendieron una propiedad, y por alguna razón, tomaron el camino inferior de mentir acerca de la transacción y dieron solo una parte como ofrenda a la iglesia. Pedro les preguntó: "¿Por qué llenó Satanás tu corazón para que mintieses...? (Hch. 5:3).

Todo lo que hemos hablado en este capítulo nos lleva de nuevo a ti, papá, y a tu papel como guía. Un guía está comprometido a ayudar a las personas a las que conduce a alcanzar su meta específica. En el camino, es siempre consciente del entorno y de los posibles peligros. Para llevar a cabo su tarea, un guía debe estar preparado física y mentalmente para la labor. Eso es lo que Dios te pide de ti como un padre: que te dediques a vivir como esa clase de guía para tus hijos.

¡Papá, tú puedes hacerlo!

¿Qué piensas acerca del llamamiento de Dios para que seas el guía de tus hijos?

¿Que implica un montón de trabajo? Sí, así es.

¿Que es una gran responsabilidad? Sí, lo es.

¿Que va a tomar algún tiempo? Sí, es cierto.

Pero incluso si reconoces esa realidad, seguramente también puedes decir: "¡Qué gran privilegio!".

Volvamos a los recuerdos de Bill de lo que ocurrió durante la misión en Afganistán. Él atribuyó una gran parte del éxito de esa misión a un guía experto. ¿Qué habría pasado si ese guía no hubiera sabido realmente lo que estaba haciendo o a dónde iban? La misión probablemente habría tenido un resultado muy diferente.

En tu papel como papá, Dios te está pidiendo que seas un guía fiel, con conocimientos para guiar a sus hijos. Y el objetivo es ayudar a tus hijos a encontrar el propósito de Dios para sus vidas. Esa es tu meta.

Debido a que cada hijo es único, es probable que tengas que llevar a cada uno de ellos por un camino ligeramente diferente. Pero siempre debes mantener el propósito final de Dios como tu objetivo y enfoque. Por encima de todo, no tomes el camino más fácil; no lleves a tus hijos por el camino más bajo. Y peor aún, no dejes que la indiferencia, la pereza o la falta de esfuerzo de su parte los pongan inevitablemente en el camino más bajo. Dios te ha designado como guía de tus hijos.

¿Qué mayor regalo para los hijos que tener un papá que conoce la meta de la misión, no la pone en peligro, no toma atajos, huye del camino más bajo, y siempre acepta el reto de mejorar? Mantente cerca de tu guía: Dios mismo. Pídele que te capacite para ser el mejor guía que puedas ser. Sé un guía que conduce a su familia por el camino más alto que lleva a la semejanza del carácter de Cristo aquí y ahora mientras te encaminas hacia una vida eterna en la presencia de Dios para siempre jamás.

Pequeños pasos que hacen una gran diferencia

1. *Conoce tu propósito.* ¿Cuál es la voluntad de Dios para tu vida? Greg tenía un mentor que lo podía ayudar en su camino. Si no sabes a dónde vas, no puedes guiar a tu familia. Tu primer propósito es conocer a Dios. A continuación, puedes ayudar a tus hijos a encontrar el camino que los lleve a Jesús. De la misma manera que tú estás siguiendo la ruta y el plan de Dios, "instruye [a tu hijo] en su camino" (Pr. 22:6).

2. *Comienza con lo básico.* Todos los niños necesitan enseñanza y entrenamiento en las cuestiones básicas tales como la disciplina, la obediencia, el amor a Dios y la familia. Si la rebelión y la autocomplacencia echan raíces en el niño, probablemente no estará interesado en el propósito de Dios para su vida.

3. *Trata a cada hijo individualmente.* Una guía de caminos sabio y eficaz sabe la condición física de cada persona que está guiando. De la misma manera, debes conocer los diversos puntos fuertes y débiles, las personalidades y las habilidades de cada uno de tus hijos. Guía a cada niño en el camino hacia su propio futuro, no el camino que un hermano está emprendiendo. Como dice el Salmo 139:14 (NVI): cada uno es "una creación admirable", y su camino será diferente y único. Tu tarea, papá, es ayudar a cada uno de tus hijos a encontrar su camino especial: la trayectoria de Dios para ellos, el propósito de Dios.

Lámpara es a mis pies tu palabra
y lumbrera a mi camino.
SALMO 119:105

11

Un papá que es alentador

Por lo cual, no pudiendo soportarlo más, acordamos
quedarnos solos en Atenas, y enviamos a Timoteo…
para confirmaros y exhortaros respecto a vuestra fe.

1 Tesalonicenses 3:1-2

Si lo piensas por un momento, te darás cuenta de que las
personas que influyen en ti son aquellas que creen en ti.[1]

Henry Drummond

Sonó el teléfono celular de Greg. La pantalla mostraba el
número de Bill, lo que sorprendió a Greg. Normalmente era
Greg quién llamaba a Bill, su mentor.

—Soy Greg.

—Buenas tardes —dijo Bill. Había llamado a Greg a su lugar
de trabajo, lo que era aún más inusual. Eso picó la curiosidad de
Greg.

—¿Qué pasa, Bill? —preguntó Greg.

—Greg, como sabes, ayudo como entrenador de un equipo
de fútbol para chicos y chicas, y quería preguntarte si podrías
acompañarme a la sesión de entrenamiento del equipo de este
jueves. ¿Crees que podrás?

—¡Claro que sí!

Greg ni siquiera dudó. Valoraba cada minuto que podía pasar

---

1. Henry Drummond, *The Greatest Thing in the World* [*El don supremo*] (Boston: Interna-
tional Pocket Library, 1936), p. 21. Publicado en español por Ediciones Obelisco.

con Bill. Si eso significaba ver a los niños correr y jugar al fútbol, debía haber algo que Bill quería que aprendiera.

El jueves, después de una hora de observar a los pequeños chicos y chicas patear la pelota arriba y abajo del campo con los resbalones y caídas ocasionales, y las miradas de desconcierto, Bill se acercó a Greg.

—Greg, ¿ves a ese jovencito allá? —preguntó Bill, mientras señalaba a un niño de poco tamaño—. Todos estos niños y niñas son mis proyectos, pero el joven Timmy es mi misión especial. Tiene una vida familiar dura y recibe muy poco apoyo o estímulo. Muchos de los padres de estos niños expresan decepción cuando sus hijos no presentan un fuerte potencial atlético. Por desgracia, estos padres no se dan cuenta del valor de alentar a sus hijos.

La mayoría de la gente supone que mi tarea como entrenador es conseguir que estos niños ganen partidos. Pero creo que mi tarea más importante es ser un motivador para todos y cada uno de ellos. Quiero enviarlos a casa después de una práctica o un partido sintiendo que al menos una persona en el mundo piensa que son especiales y cree en ellos.

Greg, sé que eres todavía nuevo en tu papel como padre, pero espero que recuerdes lo que estoy tratando de hacer por estos niños. Esa es la clase de padre que necesitas ser para tu hija. No seas un padre que solo ve lo que su hija no puede hacer. En su lugar, ve lo que sí puede hacer. Sé su mayor admirador.

Todos necesitamos que nos animen

Cuando se trata de la gente que anima, tendemos a pensar en términos de entrenadores, porristas, hinchas y aficionados alentando a un equipo deportivo favorito. Pero *todos* necesitamos estímulo. Tú y yo necesitamos aliento de los demás, y los demás lo necesitan de nosotros. Pensemos, por ejemplo, en la siguiente situación hipotética:

Te despiertas a un nuevo día, lleno de toda la esperanza y promesa de alegría, realización y satisfacción. ¿Por qué? Debido a que has estado trabajando arduamente en un gran proyecto, y ya está casi terminado. Trabajaste hasta tarde la noche anterior y llegaste a casa para dormir algunas horas. Luego, te duchaste rápidamente antes de ir a trabajar para presentar los resultados de tu trabajo a tu jefe. Habías puesto tu corazón en ese proyecto, y estabas satisfecho porque habías hecho lo mejor posible.

Pero cuando presentaste el trabajo a tu jefe, en vez de darte las gracias o alguna palabra de aprecio, miró rápidamente lo que habías hecho y te dijo que te retiraras sin siquiera un comentario. Sabes que se espera que hagas una buena tarea en tu trabajo, pero es demoledor que tu jefe no demuestre siquiera un poco de valoración por tu arduo trabajo. Es muy decepcionante.

Hay otras situaciones que pueden causarte desánimo también. Por ejemplo, el cuidado de un niño que tiene una discapacidad. Tratar con un padre cuya salud está empeorando rápidamente. La amenaza de ser despedido a causa de una reducción de personal en tu empresa. ¡No me digas que a veces no has necesitado un poco de ánimo!

Bueno, lo mismo puede decirse de tus hijos. A pesar de que las dificultades que enfrentan pueden ser de una escala más pequeña, para ellos, sus problemas pueden parecer abrumadores. Cuando están luchando, un abrazo o una palabra de ánimo puede ser una manera apropiada para darles la confianza y esperanza que tanto necesitan.

Jesús nos anima

Los tiempos de desilusión, desánimo y desesperación son parte de la vida. En mis años de ministerio, he hablado con muchos hombres que me revelaron el desgaste que soportaron al tener que enfrentarse a diversas dificultades graves. Cada vez que me encuentro con un hombre que está desalentado y quebrantado de corazón, por lo general comparto lo que Jesús dijo a sus discípulos en la noche antes de su crucifixión, al comenzar ellos a darse cuenta de que los iba a dejar:

> Estas cosas os he hablado para que en mí tengáis paz. En el mundo tendréis aflicción; pero confiad, yo he vencido al mundo (Jn. 16:33).

Aquí hay una verdad alentadora: Jesús conocía a sus discípulos y te conoce a ti hoy. ¿Qué es lo que conoce? Que con frecuencia te ves tentado a bajar los brazos en desesperación y sientes como que quieres dejarlo todo cuando la vida se pone insoportable, exigente y difícil. Jesús dijo que experimentaríamos problemas. Pero Él también hizo tres cosas para animar a sus discípulos, y te ofrece ese mismo ánimo a ti hoy.

Echemos un vistazo más de cerca a Juan 16:33. Observa que Jesús no expresó su aliento con ninguna forma de simbolismo ni verdad a medias. No, Él se acercó a sus discípulos y les habló de la realidad de que enfrentarían dificultades. Luego, les recordó cómo debían responder. Sus maravillosas palabras de aliento se siguen aplicando hoy día, a ti y a cualquier "aflicción" que enfrentes.

Primero, Jesús declaró la mala noticia. Dijo: "En el mundo tendréis aflicción". Sí, tú experimentarás dificultades en esta vida. Las cosas no siempre saldrán bien. ¿No te alegras de que Jesús fuera sincero? Puedes orar: "Gracias, Señor Jesús, porque tú, habiendo ya experimentado el máximo dolor, entiendes mi situación".

El conocimiento de que la vida no siempre es justa o fácil (y el hecho de que Jesús está dispuesto a ayudar) debe prepararte para animar bondadosamente a tus hijos que enfrentan sus luchas.

Segundo, Jesús proclamó las buenas nuevas. Él es la respuesta a las tribulaciones de la vida. No importa a qué te enfrentes, Jesús es tu fuente segura de aliento: "Confiad, yo he vencido al mundo".

Como sabes muy bien, vivimos en tiempos peligrosos. El odio, la violencia, el crimen y la traición nos rodean. Tus hijos no son inmunes a su entorno, no importa cuánto intentes protegerlos. ¿Les has comunicado fielmente que Jesús es la respuesta a los problemas que encuentran? Anímalos leyéndoles Juan 16:33, anunciándoles la buena noticia de que Jesús está a cargo y ha vencido al mundo.

Tercero, Jesús les proveyó el resultado del estímulo: paz. Comenzó el versículo 33 indicando el resultado de su aliento: "Estas cosas os he hablado para que en mí tengáis paz". El Príncipe de Paz sabía que los tiempos difíciles se acercaban, y ofreció a sus seguidores estímulo que ayudaría a tranquilizarlos y darles paz. Les aseguró que tenía todas las cosas bajo su control.

Jesús sabía a qué se enfrentarían sus discípulos y los animó. De la misma manera, tú ya sabes qué tipo de dificultades enfrentarán tus hijos. No dejes de alentarlos en cada oportunidad. Encamínalos a Jesús, a su control soberano sobre todas las cosas, y a la paz que Él da.

Por último, Jesús nos mostró cómo animar a otros. Hay muchas maneras de ofrecer estímulo, pero podemos ver cuál es el método principal cuando Jesús dice: "Estas cosas os *he hablado*". Jesús animó por medio de sus palabras. Habló palabras de aliento.

Estoy seguro de que puedes recordar un momento en que estabas sufriendo o tenías ansiedad o dolor. Y entonces vino alguien a tu lado y te sonrió, te escuchó, y tal vez te dio un abrazo o una palmada en la espalda, y luego te habló palabras que te levantaron el ánimo. Esas palabras significaron mucho para ti y te ayudaron a seguir adelante a pesar de tus circunstancias.

Leemos en los Evangelios que Jesús habló palabras de aliento. "Estas cosas os he hablado". Jesús es nuestro ejemplo sólido como una roca. Con su ayuda, hemos de hablar palabras que animen a los demás a seguir manteniendo su deseo de vivir para Cristo. Debemos hablar palabras que animen a otros a vivir de una manera que honre a Jesús.

Papá, ¿quién podría ser mejor destinatario de tus palabras de aliento que tus hijos? Tus palabras pueden dar esperanza, impartir fe, y fortalecer a tus hijos para que no bajen los brazos. Para que nunca se den por vencidos. Para que confíen en el Señor. Tú mismo has experimentado las palabras de aliento de Jesús. Ahora, asegúrate de transmitírselas. Ayuda a tus hijos a que conozcan el alivio, el valor y la energía que vienen solo de confiar en lo que Jesús puede ofrecer. Tus palabras de aliento pueden avivar en tus hijos la llama de la fe, una llama que nada puede extinguir.

Conserva todo esto en mente cuando alientes a tu familia: un papá conforme al corazón de Dios es un ejemplo de la paz de Cristo. ¿Cuál es tu respuesta normal cuando tu jefe no muestra reconocimiento por un trabajo bien hecho? ¿Descargas tu frustración sobre otros, como tus compañeros de trabajo, y en última instancia sobre tu familia? ¿Vas a casa, das un portazo, das una patada al perro, gritas a tu esposa, y haces caso omiso de tus hijos?

Cuando actúas así, ¿cuál es el resultado? Has permitido que

el mundo afecte negativamente una de las cosas más preciosas que posees: tu familia. El aliento de Jesús en Juan 16:33 podría expresarse de esta manera: "No dejes que las tribulaciones de la vida afecten tu caminar conmigo. No dejes que el mundo te quite tu paz".

Llena tu corazón de la seguridad de paz de Jesús. Y a pesar de lo que esté sucediendo a tu alrededor, entra a tu casa con la paz de Cristo. Besa a tu esposa, pregunta a tus hijos cómo fue su día, y sé amable con las mascotas de la familia.

> Tus palabras pueden dar esperanza, impartir fe, y fortalecer a tus hijos para que no bajen los brazos.

¿Quieres ser de aliento para tu familia? Entonces empieza siendo tú un ejemplo de la paz de Cristo. No dejes que el mundo te robe esa paz. Irradia "la paz de Dios, que sobrepasa todo entendimiento" (Fil. 4:7). Tu serenidad será un estímulo para tu familia sin necesidad de palabras. Tu espíritu calmado va a calmar sus espíritus, y junto con Jesús y como una familia, podrán lidiar con los problemas que se presenten.

Cómo ser el alentador principal de tus hijos

Dios nunca te da una misión sin darte también la gracia y los medios para llevarla a cabo. Mientras yo consideraba cómo ser el alentador número 1 de mis hijos, se me ocurrió que la regla más importante para ser un alentador es asegurarse de que todo el estímulo sea auténtico y de corazón. Para hacer eso, debes prepararte tomando algunas decisiones clave:

Decisión #1

Establece una meta diaria de buscar estímulo primeramente de la Palabra de Dios. Tú quieres y necesitas ser un esposo y padre positivo, y no hay mejor lugar para comenzar que en la Palabra de Dios. No se puede transmitir lo que no se tiene. Mira lo que pasó cuando el profeta Jeremías experimentó el poder de la Palabra de Dios: "Fueron halladas tus palabras, y yo las comí; y tu palabra me fue por gozo y por alegría de mi corazón" (Jer. 15:16).

¿A qué niño no le encantaría tener este tipo de papá, un papá que se llena con la energía positiva y poderosa y el gozo que solo Dios puede proporcionar? Así que busca en la Palabra de Dios diariamente. Ve un paso más allá y marca cada versículo que encuentres que te ofrezca mayor confianza en el plan o la sabiduría o la soberanía de Dios en cuanto a los retos de la vida. Puedes incluso anotarlos en los márgenes de tu Biblia para que puedas encontrar rápidamente el aliento de Dios cuando lo necesites. Y no olvides compartir esos versículos con tu esposa e hijos para que ellos también puedan tener la misma confianza, sabiduría y poder para sus días.

Una vez que te hayas fortalecido, puedes apartar tu mente de ti y centrarte en los demás, especialmente en tu familia. Ellos necesitan que estés disponible como una fuente de fortaleza y apoyo. En el Antiguo Testamento, el rey David preguntó: "¿De dónde vendrá mi socorro?" ¿La respuesta? "Mi socorro viene de Jehová, que hizo los cielos y la tierra" (Sal. 121:1-2).

La ayuda del Señor está disponible para ti también. Dios te habla directamente a ti por medio de tu Biblia. Así, pues, bendícete a ti mismo al empaparte en la ayuda y la esperanza de Dios... y luego bendice a tu esposa e hijos al ser una fuente de fortaleza para ellos al tiempo que caminan a través de la vida.

Decisión #2

Haz el esfuerzo de memorizar versículos bíblicos específicos que te animarán a ti y a otros. Ese es el paso siguiente más allá de la lectura de la Palabra de Dios. Una vez que encuentres versículos que sean particularmente alentadores para ti, apréndelos de memoria. Ya hablamos acerca de la lectura de la Biblia y de memorizar pasajes de las Escrituras, y esta es una razón especialmente buena para hacerlo. Siempre estarás agradecido por cada versículo que memorices, porque una vez que hayas depositado esas verdades y promesas de Dios en tu mente, podrás recurrir a ellas en cualquier momento y en cualquier lugar. Se convierten en tus animadores personales que vienen a tu mente cuando los necesitas.

> Cuando tengas las gemas de la fortaleza de Dios acumuladas en tu mente, podrás transmitirlas a tus hijos.

Cuando tengas las gemas de la fortaleza de Dios acumuladas en tu mente, podrás transmitirlas a tus hijos. Podrás darles la sabiduría de las edades. Podrás hablarles de la visión personal de Dios en cada situación que enfrentan. A la primera señal de desaliento o desánimo en uno de ellos, podrás acercarte a ese hijo y darle verdadera ayuda.

Esa es una manera muy fácil y natural de enseñar la verdad de Dios a tus hijos. Puedes ayudarlos en tiempos difíciles y mostrarles cómo acudir a Dios y beneficiarse de su fortaleza. Y la gran ventaja es que es la Palabra de *Dios* lo que estás compartiendo, no la del hombre. Estás depositando la Palabra viva de Dios en los corazones de ellos. Entonces estará siempre allí para que la utilicen cuando tú no estés disponible.

Decisión #3

Aprovecha cada oportunidad para animar a tus hijos. La instrucción de Dios a su pueblo es: "animaos unos a otros, y edificaos unos a otros" (1 Ts. 5:11). Estas palabras también pueden traducirse como "consolarse mutuamente y edificarse unos a otros".

La manera principal mediante la cual puedes animar a tus hijos es a través de las palabras que les hablas. Puedes compartir versículos de la Biblia con ellos, u ofrecerles ideas útiles o consejos sabios. De esta forma, puedes alentarlos.

El estímulo también puede comunicarse por medio de la escritura; puedes escribir una nota, una carta, un correo electrónico, o incluso un texto con un breve mensaje con el objetivo de ofrecer esperanza a un hijo que está sufriendo o luchando. La Biblia dice que "[alentemos] a los de poco ánimo" (1 Ts. 5:14), o "[estimulemos] a los desanimados" (NVI).

Animar es un ministerio

Aquí hay otro reto: ten el propósito de animar a todo aquel con el que hables. Pon esta meta en tu lista de oración y ora cada día para acordarte de pensar en alguna verdad de la Biblia que puedas transmitir a aquellos que están sufriendo.

¿Adivinas quiénes deben estar a la cabeza en tu lista de oración? ¿Te imaginas quiénes deben recibir el primer desbordamiento de tu ministerio de alentar? ¡Tu familia! Soy consciente de que eso no es algo natural para la mayoría de los hombres. Puedes encontrar que abrir la boca y dejar que la Palabra de Dios ministre a otros requiere esfuerzo, práctica y voluntad. Pero los resultados bien valen la pena.

Como papá de una familia vibrante con dos hijas, déjame decirte una cosa que decidí hacer cada mañana: ponerme a pensar a propósito en las primeras palabras que iba a decir a los miembros de mi familia mientras se preparaban para la escuela, el trabajo, o lo que fuera que iban a enfrentar ese día. Después de todo, ellos afrontarían dificultades cada día al estar fuera de casa. Yo quería ayudarlos a comenzar su día con una nota positiva de estímulo.

Tus palabras consideradas y preparadas serán lo suficientemente poderosas como para fijar el tono de su día. Tus palabras de despedida llenas de afirmación, motivación y aliento los ayudarán en los momentos más difíciles del día. Tanto es así que tu familia pondrá recordar tus palabras, incluso en los días, meses y años por venir, cuando atraviesen situaciones difíciles.

Piensa en esto: durante un día en casa o en la escuela, hay una larga lista de posibles dificultades o fracasos que tu familia podría enfrentar. Por ejemplo, tu esposa puede tener un jefe que es difícil de conformar. Tus hijos pueden ser retados por sus compañeros debido a sus creencias cristianas. Y cada uno en tu familia es vulnerable a aquellos que hacen comentarios que duelen.

Tal vez tienes un hijo en edad preescolar que no es muy rápido en aprender el alfabeto o en correr una carrera como otros niños. Sería fácil que tu hijo deje de intentarlo y se retire. O quizá tu hijo sea motivo de risa porque su almuerzo no es tan especial como el de los otros niños. O tal vez tu hijo en el décimo grado fue llamado a responder una pregunta y no sabía qué decir, o peor, dio la respuesta equivocada. Sea cual sea la situación, se pone difícil para los niños cuando son avergonzados o ridiculizados delante de los demás.

Ese es el momento cuando es importante que tú intervengas y, con algunas palabras positivas de la Biblia, expliques el punto de vista *de Dios* a tus hijos. Puedes recordarles que, de la manera que ellos son, son una creación admirable (Sal. 139:14). Dios ama y cuida de ellos tal y como son. Puedes afirmar que tus hijos están dotados de forma singular en maneras que los hacen especiales.

> **Tus palabras de sabiduría y de verdad pueden llegar a ser el sol que ilumine un día triste.**

Esas palabras pueden sanar corazones heridos y hacer que los problemas cotidianos de la vida sean más llevaderos. La Palabra de Dios, que sale de tu corazón, puede servir como una estrella brillante en el oscuro cielo. Tus palabras de sabiduría y de verdad pueden llegar a ser el sol que ilumine un día triste. Tu ánimo suministrará fuerza no solo para hoy, sino también para todas las mañanas futuras de tus hijos.

Tal vez estés pensando en excusas de por qué no puedes empezar el día con unas palabras de aliento para tu familia. O quizá estás diciendo: "Yo no puedo ser este tipo de papá. Salgo para el trabajo antes de que mis hijos se despierten. De hecho, me levanto antes que mi esposa. Así que no puedo animar a nadie en el comienzo del día".

Incluso si te sientes incómodo sobre ofrecer aliento a tu familia, espero que ahora ya veas la gran diferencia que puedes hacer en la vida de tu esposa e hijos cuando te tomas el tiempo para demostrar que son muy importantes para ti y te interesas por ellos. Tu familia realmente te necesita. Así que si tienes un horario complicado o dificultades para hablar con tu familia antes de salir para el trabajo, necesitas ser creativo. Por ejemplo, puedes dejarles una nota para animarlos al tomar un examen, al aplicar para un trabajo a tiempo parcial, al dar un informe verbal, o en cualquier otra situación. El solo hecho de que estés enterado de lo que está pasando en su vida será de mucho estímulo para ellos.

Tus hijos saben lo ocupado que estás, y lo duro que trabajas. Así que una nota escrita por ti servirá como un poderoso recordatorio de que los amas y que estás pensando y orando por ellos durante todo el día. ¡Qué gran papá!

¡Papá, tú puedes hacerlo!

Tu trasfondo puede ser una bendición o una maldición. Si vienes de un hogar donde el estímulo fluía libremente, puede que estés diciendo: "¿Por qué es esto tan importante?, ¿por qué este hombre sigue y sigue hablando sobre algo que es tan fácil de hacer?".

Si ese es tu caso, debes considerarte bendecido. Pero muchos hombres no han tenido esa dicha. Muchos vienen de hogares en los que recibieron pocas palabras de ánimo. Crecieron con hambre de comentarios positivos y, en su lugar, oyeron solo palabras de desilusión. Y si tú eres uno de esos hombres, es probable que estés siguiendo la forma en que fuiste criado. Recuerda el comentario de Bill acerca de sus chicos en el fútbol: "Muchos de los padres de estos niños expresan decepción cuando sus hijos no presentan un fuerte potencial atlético. Por desgracia, estos padres no se dan cuenta del valor de alentar a sus hijos".

Papá, escudriña tu corazón. Tus hijos necesitan todo el estímulo que puedan recibir, sobre todo de ti, su padre… su héroe.

Pequeños pasos que hacen una gran diferencia

1. *Comienza cada día dando ánimo a tus hijos* antes de salir para el trabajo. Si tienes que partir antes de que se despierten, escríbeles durante el día o deja una nota en su mochila o almuerzo. Y no te olvides de tu esposa a la hora de repartir palabras o notas de ánimo. Inclúyela, pues ella será tu mejor amiga para siempre.

2. *Evalúa tus expectativas.* ¿Estás tratando de revivir tu vida a través de tus hijos? ¿Son tus elogios o la falta de ellos en función de tus expectativas, o de sus habilidades o falta de ellas? Cada niño es diferente, y cada hijo no eres tú. Por lo que debes tratar a cada uno como único y elogiarlos sobre la base de sus esfuerzos y progreso individual. No es malo que animes a tus hijos a hacer lo mejor, pero primero elógialos por lo que ya han logrado.

3. *Empieza el día con tu Biblia en la mano.* Recuerda que una señal clave de un padre conforme al corazón de Dios es que camina en el Espíritu. Eso requiere llenarte a ti mismo con la Palabra de Dios para que puedas alimentarte de ella todo el día. Haz esto lo primero en la mañana, de modo que cuando saludes a cada miembro de la familia, tengas el poder del Espíritu ayudándote a ser una influencia positiva en cada uno de ellos.

4. *Ora por tus hijos.* La mejor manera de animar a tus hijos es haciéndoles saber que estás orando por ellos. Si aún no dispones de un cuaderno de oración, empiézalo hoy, y aparta una página para

cada miembro de tu familia. En esa página, escribe los retos que enfrentan. Es un gran edificador de confianza para los hijos saber que su papá está orando por ellos hoy, y por el resto de sus días.

Animar es de verdad impresionante.
De hecho, puede cambiar el curso del día,
de la semana o de la vida de otra persona.[2]

CHARLES R. SWINDOLL

---

2. Charles R. Swindoll, *Insight for Living*, programa de radio, 26 de marzo de 2008.

12

Un papá que es un jugador de equipo

Mejores son dos que uno; porque tienen mejor paga
de su trabajo. Porque si cayeren, el uno levantará
a su compañero; pero ¡ay del solo! que cuando
cayere, no habrá segundo que lo levante.

ECLESIASTÉS 4:9-10

Reunirse es un comienzo.
Mantenerse juntos es progreso.
Trabajar juntos es éxito.[1]

HENRY FORD

Greg llamó a la puerta de la cocina, y Bill le hizo señas para que entrara en la casa y se protegiera de la lluvia de la mañana. Durante casi un año se habían reunido los martes por la mañana antes del trabajo, y Greg disfrutaba de ese tiempo juntos. Por lo general, llegaba contento y alegre, pero esta vez se dejó caer en una silla en una manera que hizo evidente su frustración.

Inmediatamente, rezongó:

—¡No puedo creer que hayamos perdido ese partido!

El juego al que se refería Greg era el gran duelo de los lunes por la noche entre el equipo de la ciudad natal de Greg y Bill y los temidos Dallas Cowboys. Bill también había visto el juego y

---

1. Citado en *The Henry Ford, 2004 Annual Report* (Dearborn, MI: The Henry Ford, 2004).

estaba un poco disgustado. Pero él, siempre alerta, convirtió el momento en una lección de discipulado. Le preguntó a Greg:

—¿Sabes por qué nuestro equipo perdió ese partido?

—¡Los de Dallas tuvieron suerte! —exclamó Greg.

—Sí, la tuvieron —dijo Bill mostrando que estaba de acuerdo—. Pero la verdadera razón por la que perdimos es que no jugamos como un equipo. Nuestros jugadores estrella trataron de ganar el juego por sí mismos. A pesar de que los de Dallas no jugaron muy bien, sí que jugaron unidos como un equipo. Se basaron en la mejor habilidad de cada jugador. El resultado fue que ganaron.

Con eso como introducción, Bill pidió a Greg que abriera su Biblia en Hechos 18 para que pudieran hablar de un esposo y una esposa que funcionaban como un equipo.

Dios diseñó la crianza de hijos como una tarea de equipo

Hemos recorrido un largo camino en nuestro estudio de lo que significa ser un papá conforme al corazón de Dios. Hemos elaborado una composición de a qué se parece un padre según Dios. ¡Es un tipo fenomenal! Y, si no me equivoco, se parece mucho a ti. Al igual que Greg en nuestras historias de apertura de cada capítulo, tú has recorrido un largo camino en tu deseo de ser un padre según Dios. La infusión de la Palabra de Dios y tu obediencia a ella están teniendo un efecto poderoso y transformador en ti. Así que gracias por quedarte conmigo al ir considerando las funciones y responsabilidades que Dios ha dado a los papás.

En este capítulo, hay un papel más sobre el que me gustaría conversar contigo. Es el papel de trabajar junto con tu esposa como un equipo que ama y sirve a Dios, y que lleva a sus hijos a amarlo y servirlo. En este momento quiero centrarme en el aspecto de *equipo* en el matrimonio al fijarnos en Aquila y Priscila, una gran pareja que encontramos en el libro de Hechos del Nuevo Testamento. Pero primero, vamos a considerar una palabra del rey Salomón, el hombre más sabio del Antiguo Testamento.

Mejores son dos que uno

El rey Salomón no siempre siguió los sabios consejos que daba a los demás, pero su sabiduría inspirada por Dios, que quedó registrada para nosotros en las Escrituras, aún puede servir como orientación útil para nuestra vida. En Eclesiastés 4, Salomón cuenta los problemas y la vacuidad de la persona que está sola, que no tiene compañía (v. 8). Luego dice que no tiene por qué ser así: "Mejores son dos que uno; porque tienen mejor paga de su trabajo. Porque si cayeren, el uno levantará a su compañero" (Ec. 4:9-10).

Hasta ahora este libro se ha centrado a propósito en ti como papá y tus deberes como el hombre clave en la crianza de tus hijos. Esto es bíblico. Tú, como líder de tu familia, eres el responsable ante Dios por la crianza de tus hijos.

Si eres un padre soltero, este capítulo te puede resultar un poco incómodo de leer. Pero no te desanimes, hay gente en tu iglesia que puede venir a tu lado y ser parte de tu "equipo". Por ejemplo, tu equipo podría consistir de maestros de escuela dominical, líderes juveniles, e incluso otros padres solteros que pueden trabajar contigo en este tiempo de crianza de tus hijos.

Y si estás casado, tienes suerte de que Dios te ha proporcionado compañía, ayuda idónea (Gn. 2:18), que te puede ayudar en la responsabilidad de criar a los hijos.

Independientemente de si eres casado o soltero, sabes que estás llamado a liderar, ¿verdad? Y si estás casado, la pregunta que hay que hacerse es: ¿Cómo puedo trabajar con mi esposa como un equipo para criar a nuestros hijos? Salomón dice que ser un equipo es productivo porque "mejores son dos que uno" (Ec. 4:9).

> Antes de que tú y tu esposa puedan trabajar juntos como un equipo en la crianza de sus hijos, deben trabajar primero como un equipo en su matrimonio.

Antes de que tú y tu esposa puedan trabajar juntos como un equipo en la crianza de sus hijos, deben trabajar primero como un equipo en su matrimonio. Echemos un vistazo a una pareja increíble en la Biblia que hizo exactamente eso: Aquila y su esposa Priscila.

El dúo dinámico

Aquila y Priscila eran una pareja fenomenal, realmente una pareja conforme al corazón de Dios. A pesar de que no tenían hijos, nos ofrecen un gran ejemplo de cuán eficaces pueden ser tú y tu esposa si trabajan juntos, ya sea criando a sus hijos, trabajando en la iglesia, o viviendo como una influencia cristiana positiva en la comunidad.

Solo se mencionan comentarios positivos acerca de este equipo de marido y mujer. Dondequiera que vivieron y ministraron, fueron bendecidos y fueron una bendición para cristianos y no cristianos. Veamos algunos aspectos destacados de su historia:

Aquila y Priscila ayudaron a establecer muchas iglesias. Esta pareja ministró junto con el apóstol Pablo mientras él predicaba el evangelio. Su ministerio comenzó en Corinto, donde conocieron a Pablo. Más tarde, cuando Pablo dejó Corinto para viajar a Éfeso, Priscila y Aquila fueron con él (Hch. 18:18). Vemos a este dúo dinámico ayudando a Pablo y las iglesias en Corinto, Éfeso y Roma.

Aquila y Priscila abrieron su casa a los creyentes. Cuando Pablo escribió 1 Corintios, envió un saludo a esta pareja, declarando: "Aquila y Priscila, con la iglesia que está en su casa, os saludan mucho en el Señor" (1 Co. 16:19).

Aquila y Priscila se ganaron el elogio del apóstol Pablo. Cuando Pablo escribió el libro de Romanos, terminó su epístola enviando saludos y elogios a Priscila y Aquila: "Saludad a Priscila y Aquila, mis colaboradores en Cristo Jesús, que expusieron su vida por mí; a los cuales no sólo yo doy gracias, sino también todas las iglesias de los gentiles. Saludad también a la iglesia de su casa" (Ro. 16:3-5).

Es obvio que esta pareja hizo una contribución de gran alcance durante los años de formación de la iglesia. ¿Cuáles fueron sus calificaciones únicas? Seguramente tenían mucha formación teológica, ¿verdad? ¡No! La Biblia no dice nada acerca de su educación. Todo lo que sabemos es que eran personas trabajadoras que se sostenían fabricando carpas. Nada especial.

Entonces, ¿cómo pudo Dios utilizar a Priscila y Aquila de esa manera tan notable? Porque juntos procuraron vivir conforme al corazón de Dios y se mostraron dispuestos. ¿El resultado? Dios los usó eficazmente. Eran de verdad una pareja totalmente entregada a Cristo. Y tienen mucho que enseñarte a ti y a tu esposa sobre el poder del trabajo en equipo.

El poder del esfuerzo en equipo

Aquila y Priscila usaron sus dones espirituales en completa armonía. Es interesante notar que nunca se los menciona por separado. Trabajaron en equipo. Y tú y tu esposa pueden y deben lograr lo mismo. Cuando se trata de servir y de usar los dones espirituales, cada creyente es responsable del desarrollo y el uso de sus propios dones espirituales. Pero, como en el caso de Aquila y Priscila, las parejas casadas encontrarán a menudo oportunidades de trabajar juntos en un ministerio compartido.

Cuando los hijos ven a sus padres trabajando en armonía como equipo, perciben una imagen que vale más que mil palabras. Una familia es una institución ordenada por Dios que honra al Señor al funcionar en armoniosa unidad ante un mundo que observa.

Aquila y Priscila mostraron su fe sin competencia. Se podría decir que esta pareja fue educada en casa. Tuvieron la suerte de tener al apóstol Pablo, el escritor de 13 libros del Nuevo Testamento, como su maestro residente, mientras estaban en Corinto. ¿Te imaginas las animadas conversaciones que tuvieron cada día mientras estaban sentados al lado de Pablo y fabricaban carpas? Después de meses o incluso años de tal entrenamiento diario, desarrollaron un excelente conocimiento de la verdad de Dios y del mensaje del evangelio.

Lo que es estimulante acerca de esta pareja es que no mostraban una actitud competitiva cuando se trataba de cosas espirituales. Ambos fueron creciendo espiritualmente y ambos sirvieron y ministraron. Parecían haber desarrollado un auténtico enfoque de equipo al servicio de Dios y de su pueblo. Tú y tu esposa pueden imitar su estilo de trabajo y asegurarse de que ambos estén creciendo espiritualmente. Entonces verán cuán eficaces pueden ser los dos como un equipo.

Papá, ten en cuenta que modelar es una manera muy poderosa de formar corazones y mentes. No hay mejor manera de enseñar a tus hijos sobre el amor mutuo y sin competencia que hacerles ver cómo lo practican ustedes en casa.

Aquila y Priscila compartían la misma opinión con respecto a la hospitalidad. Aquila y Priscila hicieron algo que cualquier pareja puede hacer: abrir su casa para el ministerio de la iglesia. Así fue como creció la iglesia primitiva. No había edificios de iglesia. El evangelismo ocurrió a medida que las personas abrieron sus hogares para la extensión y la adoración de la iglesia.

Papá, no hay mejor campo de entrenamiento para la fe de tus hijos que participar como familia en el ministerio, allí mismo en tu propia casa.

Aquila y Priscila estaban dispuestos a sacrificarse. Al final de la epístola a los Romanos, Pablo envió un saludo especial y algunos comentarios personales a sus amigos sobre Aquila y Priscila. Ten en cuenta estas palabras finales sobre ellos como pareja:

—"Saludad a Priscila y a Aquila": ellos sirvieron juntos.
—"mis colaboradores en Cristo Jesús": sirvieron juntos en el evangelio hombro con hombro con el apóstol Pablo.
—"que expusieron su vida por mí": ambos estuvieron dispuestos a morir por el evangelio.
—"a los cuales no sólo yo doy gracias": Pablo estaba muy agradecido por sus muchos sacrificios.
—"sino también todas las iglesias de los gentiles": las iglesias recién fundadas estaban también muy agradecidas por el servicio y los sacrificios de esta pareja (Ro. 16:3-4).

Aquila y Priscila, una gran pareja dedicada a Cristo, un dúo dinámico, fueron eficaces en su servicio debido a su compromiso con su Salvador y la gracia que Él les extendió. Estuvieron dispuestos a sufrir y, por tanto, se entregaron sin limitaciones. Ellos lo dieron todo, y Dios los usó poderosamente.

Papá, ¿cuán dispuestos están tú y tu esposa a sacrificarse no solo para el servicio del Señor, sino también para ser administradores de los hijos que el Señor les ha dado? Criar hijos exige toda una vida de sacrificios. Puede que ya estén haciendo esos sacrificios por sus hijos: dinero para la atención médica y dental, gastos de matrícula para una buena educación, tal vez incluso más dinero debido a que la mamá se queda en casa en vez de ir a trabajar fuera. El apóstol Pablo llamó a todos los cristianos a "[presentar] vuestros cuerpos en sacrificio vivo" (Ro. 12:1). Esto se aplica a servir a Dios en todos los sentidos, incluso en tu papel como padre.

Trabaja en equipo con tus hijos

Debido a que todos los seres humanos somos pecadores, somos egoístas y eso de trabajar en equipo no es algo natural en nosotros. Somos individuos con una mente y una voluntad propias. Queremos lo que queremos, incluso a costa de los demás. Esa es una razón por la que los matrimonios, especialmente en los primeros años, suelen ser inestables. Cada uno quiere hacer las cosas a su manera. Y recién cuando ambos cónyuges resuelven juntos los problemas, con muchos tira y afloja, el matrimonio empieza a funcionar con más armonía.

Y luego, cuando llegan los hijos, cambia la dinámica. ¡Y siempre está cambiando! De repente has añadido más personas egoístas a la mezcla. Entonces, ¿cómo se puede trabajar en equipo con esa nueva dinámica, contigo, papá, como el líder del equipo, y tu esposa como tu colíder y ayudante? Déjame darte algunas sugerencias sobre cómo los dos pueden trabajar juntos.

Orar juntos. ¿Qué hacen muchos equipos de fútbol antes del inicio de su siguiente jugada? Se apiñan juntos para hablar de la estrategia. La oración es como esa reunión de equipo. Tú y tu esposa se inclinan juntos, oran juntos, y piden a Dios que les dé su sabiduría y guía para el siguiente "partido" que Él quiere que ustedes dos "jueguen" como una familia en constante cambio. Al orar, llega a tu oído lo que está en el corazón del otro. Las preocupaciones de tu esposa por los niños se convertirán en tus preocupaciones y viceversa, y se consolidarán aún más como equipo.

Planificar juntos. Tu equipo debe tener metas y dirección comunes. Planificar juntos sobre cómo criar a su familia les dará enfoque. Así los dos estarán mirando en la misma dirección al buscar ponerse de acuerdo en un plan y principios para su familia. Tendrán una base para la toma de decisiones clave. Por ejemplo, ¿qué tipo de educación van a elegir, una escuela cristiana, una escuela pública, o educarlos en casa? ¿Qué tipo de disciplina utilizarán en la formación de sus hijos? A medida que aúnen energías y esfuerzos y elaboren planes como pareja, van a trabajar juntos, y no uno contra otro.

Hablar juntos. La comunicación es un factor clave en todo matrimonio, y también lo es para trabajar juntos en la crianza de los hijos. Planificar juntos implica que se hablen el uno al otro. Y cuando se habla, hay menos malentendidos o comunicaciones perdidas. Ustedes planean y luego llevan a cabo el plan, todo lo cual se hace posible porque están hablándose.

Papá, tienes que ser proactivo si es que quieres tener una comunicación fluida con tu esposa. Debes dar a conocer tu opinión y también interesarte por la perspectiva de tu esposa. Ambos deben conversar sobre sus opciones. Luego, cuando surja un problema, ya tendrán un plan en marcha, y así, después de todo, al final no será un problema. Podrán resolver todas sus crisis (o al menos mantenerlas al mínimo) cuando los dos se estén comunicando. Cualquier asunto de crianza puede abordarse y resolverse conjuntamente.

Servir juntos. No me estoy refiriendo aquí a ministrar como pareja, sino a la importancia de que incluyan a sus hijos en sus proyectos ministeriales. Trabajen juntos como familia en su iglesia participando en proyectos compartidos. Pueden ministrar juntos en casa organizando una jornada de puertas abiertas en la Navidad como una

> **Una familia que sirve junta permanece unida.**

forma de alcance en el vecindario. Una familia que sirve junta permanece unida. A medida que sus hijos los vean vivir su fe, verán el cristianismo no como un ejercicio teórico, sino como una realidad viva.

Divertirse juntos. Tú y tu esposa tendrán que trabajar en encontrar el equilibrio entre el tiempo de la enseñanza, la formación y la disciplina con el tiempo de entretenimiento con los niños. Vayan de excursión a los museos. Viajen a los parques estatales y nacionales y sitios históricos. Aparten noches para juegos. Comiencen la tradición de tener "cenas al revés", en las que se inicia la cena comiendo el postre primero. (Puedes ver por qué esas cenas han sido siempre favoritas en las casas de nuestras dos hijas).

Trabajar juntos. ¿Cómo enseñas a tus hijos la importancia de hacer su trabajo, y hacerlo de manera que honre al Señor? Eso se inicia en la casa contigo y tu esposa asignando tareas a sus hijos. Incluso desde una edad temprana, a los niños hay que enseñarles a recoger sus juguetes, limpiar su habitación y ayudar con la lavandería. Da a tus hijos responsabilidades apropiadas para su edad que deban realizar en el patio y el garaje. Incluye a tus hijos en los proyectos que tú y tu esposa tengan en la casa. No dejes que tus hijos sean espectadores, busca una manera en que puedan ayudar y así aprendan a ser responsables.

Al principio de este libro, en el capítulo sobre formación, observamos que la formación es la aplicación del conocimiento. Probablemente estás familiarizado con el siguiente axioma, que he modificado un poco: "Dale a un niño un pescado y podrá vivir un día, pero enséñale a pescar y podrá vivir durante toda la vida". Estoy seguro de que algunas de las habilidades que tienes ahora las aprendiste de tu padre cuando eras niño. Estoy muy agradecido porque mi padre me enseñó a arreglar casi todas las cosas de la casa. Haz lo mismo a favor de sus hijos.

Tener devociones juntos. Esta es un área de problema común para la mayoría de las familias. ¿Por qué? Los miembros de la familia están raramente todos juntos en casa al mismo tiempo. El papá sale temprano o trabaja hasta tarde. Mamá tiene un trabajo o se ofrece como voluntaria para ayudar en la comunidad. Los niños tienen actividades después de la escuela, prácticas deportivas y partidos. Aunque tal actividad familiar es bastante normal, es vital que tú, como líder de tu casa, apartes unos pocos minutos cada día, cuando todo el mundo pueda sentarse a la mesa del comedor o en la sala de estar y tener un tiempo devocional corto.

Idealmente, en ese tiempo no solo deben leer la Biblia o un buen libro, sino también hablar de lo que han aprendido. Y asegúrate de orar por el día de cada persona. Este ejercicio enseña mucho a los hijos acerca de la importancia que la Palabra de Dios tiene para el papá y la mamá. Tener un tiempo devocional también demuestra que la verdad de las Escrituras se puede aplicar a la vida cotidiana de tus hijos cuando ellos salgan por la puerta de la casa y pasen al mundo exterior.

¡Papá, tú puedes hacerlo!

Una desafortunada tendencia en estos días es que muchos papás están pasando la responsabilidad de la crianza de los hijos a sus esposas. Los papás, en vez de hacer ellos el "trabajo pesado" de la crianza de los hijos, se desentienden y las madres cargan sobre sus hombros el peso de la enseñanza, la formación y la disciplina. Algunos papás siempre están fuera de casa por diversas razones, y otros están allí, pero ausentes. Estos últimos no se involucran en ningún asunto que tenga que ver con la casa o los niños. Actúan como si traer a casa un sueldo fuera lo único necesario para el cumplimiento de su responsabilidad como padre dada por Dios.

Espero que estés dispuesto a no ser así. Debes ser un buen padre (¡un *gran* padre!) y hacerte cargo de tus funciones y responsabilidades. En este libro, has aprendido lo que se requiere para ser un papá conforme al corazón de Dios. Y has aprendido que esa es una responsabilidad permanente. No terminará cuando acabes de leer este libro. Puedes volver a él de nuevo para renovar tu compromiso, y en la parte posterior de este libro he enumerado los recursos adicionales que te ayudarán a seguir avanzando hacia el cumplimiento de tu deseo de ser un buen padre.

Así que ahora, después de haber asumido tu papel como líder, busca la ayuda de tu esposa. Ya estás listo para dirigir en el área de la crianza de tus hijos, y sabes que para tener un mayor impacto, vas a necesitar la ayuda de tu esposa. Gloria a Dios por las mamás fieles que están esperando que los papás cristianos unan sus fuerzas con ellas en la formación de la próxima generación de hijos fieles.

Pequeños pasos que hacen una gran diferencia

1. *Lee libros sobre el matrimonio.* Para garantizar que su tarea en equipo como pareja se mantenga actualizada y vibrante, sigue enriqueciendo tu matrimonio leyendo libros sobre el tema juntos. Un matrimonio fuerte asegurará una familia fuerte y proporcionará un buen campo de entrenamiento para tus hijos, que verán de primera mano lo que se necesita para disfrutar de un buen matrimonio.

2. *Involucra a tus hijos en las decisiones familiares.* Obviamente tú y tu esposa tendrán que usar discreción en esto, pero incluir a tus hijos de una manera limitada para que puedan ayudar a tomar decisiones de la familia va a crear un sentido de unidad y pertenencia entre ellos. Eso les ayudará a pensar más allá de sí mismos. (Por ejemplo, ¿qué pasa si tienes que cambiar de trabajo y mudarse a otro estado? Eso crearía un montón de oportunidades de conversación para todos ustedes como familia).

3. *Pide a tus hijos que ayuden con la planificación de las vacaciones.* Hacer eso ayudará a que cada miembro de tu familia se sienta más como parte de un equipo. Pregunta a cada uno qué tipo de vacaciones disfrutaría más. ¿Un campamento? ¿Disney World? ¿Actividades de invierno? Obviamente, tú tendrás que establecer algunos límites y un presupuesto. Pero permite que cada miembro de la familia, sueñe, hable y añada sus sugerencias a la lista de la familia. Una vez que hayas decidido sobre un destino, deja que ellos rellenen los detalles. Eso hará que sientan que son sus vacaciones también. Planificar juntos crea una situación en la que todos ganan. Y una gran ventaja es que esa participación reduce sin duda la cantidad de lloriqueos sobre cosas que los niños no llegan a conseguir.

4. *Sé fiel a los fundamentos básicos.* Ser un papá conforme al corazón de Dios es una tarea dinámica. El papel del padre está en constante cambio y requiere ajustes de tu parte a medida que tu familia crece y cambia. Tú envejeces. Tus hijos crecen. Los amigos, las actividades y las tareas comienzan a ocupar cada vez

más tiempo de tus hijos. Si un miembro de la familia desarrolla un problema de salud, las cosas cambian.

¿Qué puedes hacer para mantener la estabilidad en medio de los cambios? Sé fiel a lo básico. Siempre vuelve a lo esencial: lo básico de Dios. Este libro tiene que ver con los fundamentos de ser un papá, y cuando la dinámica de tu familia cambie, haz lo que has estado aprendiendo en este libro. Sigue haciendo lo que sabes que es correcto, lo que sabes que funciona. Realiza los ajustes necesarios, busca ayuda si la necesitas, pero no pongas en peligro los fundamentos.

Dios es el líder de tu equipo.
A medida que sigas a Jesús con todo tu corazón,
irás guiando a tu equipo en los pasos de Jesús.

JIM GEORGE

13

Un papá dispuesto a hacer el esfuerzo extra

*¿No sabéis que los que corren en el estadio, todos a
la verdad corren, pero uno solo se lleva el premio?
Corred de tal manera que lo obtengáis… Así que,
yo de esta manera corro, no como a la ventura.*

1 CORINTIOS 9:24-26

Cuando estaba en la escuela secundaria, intenté entrar en
el equipo de fútbol, pero eso solo duró hasta que me di
cuenta de que me había convertido en el muñeco de bloqueo. El
siguiente deporte fue el baloncesto… pero yo era bajito y, además,
no encestaba muy bien, por lo que me quedé fuera. Lo último que
me quedaba era el atletismo. No podía correr muy rápido, por lo
que las pruebas de velocidad no eran una opción. Personalmente
descarté las pruebas de salto con pértiga y salto de longitud… por
lo que solo me quedaron las carreras de larga distancia. No era
tampoco muy bueno en este tipo de carreras, pero llegué a ser el
mejor de mi pequeña escuela.

Bueno, al final, fui lo bastante bueno como para que me die-
ran una chaqueta de la escuela, y, como era adolescente, ese era mi
sueño. Cuando usaba esa chaqueta, podía presumir de atleta. Mi
equipo de atletismo logró ganar varios campeonatos regionales,
e incluso fui a finales estatales en las categorías de media milla y
una milla antes de colgar mis zapatillas.

Diez años más tarde, empecé a correr de nuevo y, desde entonces, lo hago entre tres y cinco veces por semana. Esto me lleva a

la siguiente cualidad importante de un padre conforme al corazón de Dios: está dispuesto a hacer el esfuerzo extra.

Ser papá demanda resistencia

La carrera que llevas a cabo como padre no es un *sprint* de unos pocos cientos de metros al máximo esfuerzo que rápidamente se termina. No, ser un papá conforme al corazón de Dios implica correr de manera constante día tras día, durante toda la vida. Ser un buen padre es como correr en una carrera de larga distancia. De hecho, es como correr una maratón, que es una carrera de 42 kilómetros. Para ser un papá maratón se requiere resistencia.

Cuando estudiaba en la escuela secundaria, me gustaba mucho ver las carreras de velocidad, y las sigo disfrutando cuando las veo por televisión durante los Juegos Olímpicos. Los velocistas están preparados en sus puestos, se oye el pistoletazo de salida, y en cuestión de segundos, la carrera ha terminado. Lamentablemente, algunos padres consideran la crianza de los hijos de la misma manera. Traen a su bebé a casa del hospital, tal vez cambian unos pañales. De vez en cuando, reconocen la presencia de su hijo. Le dan una extraña sonrisa de aprobación, o se enojan y gritan cuando el niño los saca de quicio. Pero la interacción rara vez va más allá de eso. Es como si el padre se hubiera ausentado mentalmente, y tal vez incluso físicamente.

Ahora bien, es cierto que muchos padres tienen trabajos exigentes. Se van al trabajo antes del amanecer y no vuelven a casa hasta después del anochecer. Para algunos, el lugar de trabajo es donde pasan más tiempo. El estrés y la presión son agotadores, lo que significa que están cansados para cuando llegan a casa. Algunos de esos padres se dan cuenta de que no están tan disponibles para su familia como deberían estarlo. A menudo, se sienten como el típico hámster en una rueda, atrapado en un trabajo implacable e incapaz de bajarse para poder pasar más tiempo con su familia. Ese es un problema muy común, y estos papás lo saben.

La solución es aceptar la realidad: tienes un trabajo. Pero también tienes que aceptar otra realidad: eres un padre, y como padre,

Dios también tiene un trabajo para ti. Él te pide que cumplas su voluntad en lo referente al cuidado de tus hijos.

Pide a cualquier papá que está tratando de ser un buen padre que compare las exigencias de su trabajo con las de tratar de ser un padre fiel. Ya sabes cuál será su respuesta. Indiscutiblemente, te dirá que ser papá es la ocupación más exigente de todas. Cuando se hace bien, es un trabajo de 24 horas al día, 7 días a la semana y 365 días al año. Ser padre comienza antes del nacimiento del niño y continúa hasta que cesa la relación a través de la muerte. Las responsabilidades de un padre no terminan nunca y nunca dan tregua. Ser un padre conforme al corazón de Dios exige tu entrega, tu mejor esfuerzo, tu atención constante, tu resistencia implacable.

Entonces, ¿cómo puedes estar seguro de que llevas a cabo la carrera de la paternidad con todo el aguante necesario? ¿Cómo puedes evitar ceder o renunciar, sobre todo en los momentos difíciles?

Aquí tienes algunos consejos de entrenamiento mientras te preparas para el maratón de ser padre conforme al corazón de Dios:

Ser papá requiere supervisión

Supervisión tiene que ver con administración. En los tiempos bíblicos, un mayordomo estaba a cargo de las posesiones de su amo. Era responsable de las pérdidas y las ganancias. Era…

> …*un guardián* que cuidaba de las posesiones que le habían confiado. Estaba dispuesto a sacrificarse con el fin de mantener seguros los bienes de su amo.
>
> …*un administrador* a quien le habían dado una responsabilidad. Estaba a cargo de todo en la casa de su amo, supervisaba a los sirvientes, suministraba los recursos, y manejaba los negocios y asuntos financieros.

El apóstol Pablo vio su llamamiento al ministerio como una mayordomía que el Señor le confió. La Iglesia es la familia de Dios, y Pablo recibió la tarea de dirigir y cuidar de las iglesias bajo su cuidado. Él era responsable ante Dios. Así es como Pablo describe su ministerio: "Fui hecho ministro, según la administración de Dios que me fue dada para con vosotros, para que anuncie cumplidamente la palabra de Dios" (Col. 1:25).

Como papá, tú también has recibido una mayordomía. Eres responsable de la gestión de los bienes y recursos que Dios ha puesto bajo tu cuidado. Esa responsabilidad incluye el cuidado de tus hijos. Eres, por tanto, un tutor y un administrador del bienestar espiritual de los hijos que Dios te ha confiado.

Jesús tenía a los niños en gran estima y tú debes tener la misma actitud. Cuando los discípulos quisieron que unos niños dejaran de molestar y de interrumpir, Jesús respondió a su actitud diciendo: "Dejad a los niños venir a mí, y no se lo impidáis; porque de los tales es el reino de los cielos" (Mt. 19:14).

Ser papá requiere equilibrio

Un padre debe suplir las necesidades materiales. Tú, como papá, eres responsable de satisfacer las necesidades de tu familia, lo que requiere que trabajes para poder mantener a tu esposa e hijos. Debido a que el trabajo es a veces difícil, tendemos a verlo como algo malo. Pero en la Biblia, el trabajo es visto como una parte buena, normal y natural de la vida diaria de un hombre. El libro de Proverbios tiene gran respeto por los que son trabajadores diligentes:

> El que labra su tierra se saciará de pan; mas el que sigue a los vagabundos es falto de entendimiento (12:11).

> En toda labor hay fruto; mas las vanas palabras de los labios empobrecen (14:23).

> ¿Has visto hombre solícito en su trabajo? Delante de los reyes estará; no estará delante de los de baja condición (22:29).

Además de proveer para las necesidades materiales de la familia, un padre también se ocupa de las necesidades espirituales y emocionales de los que viven en su hogar.

¿Te estás preguntando cómo puede un padre ocupado hacerse cargo de todas estas necesidades? El resultado final es el equilibrio.

Tiene que ver con ser capaz de equilibrar las demandas de tu trabajo con tener una estrecha relación con tus hijos. Si tu trabajo o la cantidad de tiempo que pasas en el trabajo está afectando negativamente tu relación con tu esposa e hijos, debes detenerte y evaluar tus prioridades. Pregúntate: ¿Dónde está el equilibrio?

Soy consciente de que los trabajos de hoy día demandan a menudo mucho tiempo de un hombre, incluso cuando está fuera del trabajo. Las intrusiones tecnológicas del correo electrónico, la mensajería instantánea, las máquinas de fax y el correo de voz digital hacen que sea más difícil que uno se aleje del trabajo.

Pero también hay decisiones que tomamos que pueden afectar la cantidad de tiempo que como papás pasamos con nuestras familias. Por ejemplo, decidimos comprar una casa más grande, mejor mobiliario, más artefactos para diversión y entretenimiento. Todas esas cosas tienen un costo, y por lo general requieren trabajar más duro y más tiempo para poder pagarlas. Y luego están los que eligen trabajar más horas simplemente porque prefieren trabajar antes que pasar tiempo con la familia.

En todo caso, si has permitido que el trabajo se convierta en una obsesión o en una prioridad, a expensas de tu familia, estás arriesgando tus relaciones familiares y tu salud. No vale la pena perder tu salud ni tu esposa ni tus hijos por ningún trabajo. Por eso es tan importante el equilibrio.

Echa un vistazo a la página de contenido que está al principio de este libro. Allí se enumeran las funciones y responsabilidades que Dios te ha encomendado como padre. Confiemos que esa lista te inspirará a centrarte más en tus hijos. Puede ser que seas muy bueno en lo que haces en el trabajo y que seas un trabajador diligente, pero a los ojos de Dios, eso ocupa un distante segundo lugar y en primer lugar está ser un buen papá. Oro pidiendo que, con la ayuda de Dios y por su gracia, abraces tu vocación de ser un papá conforme al corazón de Dios.

Ser papá requiere disciplina

Los antiguos griegos celebraban dos grandes eventos deportivos en el tiempo del apóstol Pablo. Todos hemos oído del más famoso y popular: los Juegos Olímpicos. Pero había otro evento llamado los Juegos Ístmicos porque se celebraban en Corinto, que estaba ubicado en un estrecho istmo entre el golfo de Corinto y el golfo Sarónico. Pablo vio la idea de correr una carrera como una analogía útil para describir la naturaleza de su servicio a Dios. Consideró que ser útil para Dios estaba en proporción directa con su actitud hacia la disciplina. Fíjate en cómo Pablo describió su determinación para lograr su meta, que ilustra bien el tipo de determinación que tú y yo necesitamos como papás:

> Todos los deportistas se entrenan con mucha disciplina. Ellos lo hacen para obtener un premio que se echa a perder; nosotros, en cambio, por uno que dura para siempre. Así que yo no corro como quien no tiene meta; no lucho como quien da golpes al aire. Más bien, golpeo mi cuerpo y lo domino, no sea que, después de haber predicado a otros, yo mismo quede descalificado (1 Co. 9:25-27, nvi).

Un papá debe tener dominio propio (v. 25)

Pablo vio que tener "mucha disciplina" era clave para su éxito. En el texto griego original del Nuevo Testamento, el término traducido como "disciplina" significa "dominio propio" o "rígido autocontrol". Contiene la idea de fuerza bajo control. Un papá debe tener ese tipo de disciplina. Como hombre, hay muchas áreas de la vida en las que puedes tener tentaciones y sucumbir a la falta de control:

Área sexual. El mundo ofrece a los esposos y papás tentaciones y oportunidades diarias para ceder a tocar, coquetear, e incluso a ver pornografía, lo que puede arruinar las relaciones matrimoniales y familiares e incluso causar la pérdida definitiva del dominio propio, y la infidelidad. La falta de autocontrol sexual destruye el vínculo de amor y confianza que debe existir entre un hombre y su esposa e hijos.

Área emocional. Un papá tiene que mostrar amor y cuidado emocional por sus hijos. Por desgracia, es muy fácil que nos sintamos frustrados con nuestros hijos y expresemos el tipo equivocado de emociones, como el enojo. Si les gritas a tus hijos o tienes estallidos de ira, vas a terminar dañando gravemente las relaciones con ellos. Llegarán a tenerte miedo y a pensar que eres como un volcán humeante. Siempre van a estar tensos cuando estén contigo, ya que nunca sabrán cuándo vas a entrar en erupción.

Área física. Esto puede incluir el descuido de tu salud (ya sea por causa de trabajar excesivamente o por pereza), la falta de ejercicio, o los malos hábitos alimenticios. No te engañes a ti mismo diciendo que puedes permitirte el lujo de descuidar tu salud ahora y hacer un mejor trabajo después. Decimos que empezaremos a hacer ejercicio o comer mejor mañana, excepto que mañana nunca llega.

Probablemente conozcas a individuos que empezaron tomando una copa entre amigos ocasionalmente y acabaron con un problema de alcoholismo. Fumar es otro hábito dañino y adictivo. La falta de dominio propio cuando se trata de comida, sexo, alcohol, tabaco, e incluso cosas como jugar al golf hará que sea más difícil que ejercites el tipo de disciplina que te hará un buen papá. Recuerda que tus hijos te están mirando. Si no practicas el dominio propio, ellos tampoco tendrán motivos para hacerlo.

Por eso es tan importante que constantemente, minuto a minuto, te apoyes en el poder y la gracia de Dios y camines en el Espíritu. Cuando involucres a Dios en todas tus opciones, tendrás el dominio propio que necesitas.

Un papá debe estar bien enfocado (vv. 25-26)

El enfoque de Pablo estaba en la salvación de los perdidos (vv. 19, 22). Ese fue su llamamiento de Dios y, por tanto, su meta. No trató de correr su carrera "como quien no tiene meta". Correr tu carrera como padre requiere ese mismo enfoque intencional en tu meta. Tu meta es correr a la par de tus hijos y hacer todo lo que puedas para ayudarlos a llegar a la salvación en Cristo. Un papá no puede dejar que nada lo desvíe de ese enfoque.

> Tu meta es correr a la par de tus hijos y hacer todo lo que puedas para ayudarlos a llegar a la salvación en Cristo.

¿Qué quieres lograr como resultado final de tu paternidad? ¿Una estrella del deporte? ¿Un erudito con un alto promedio de calificaciones? ¿O tu propósito es ver la salvación de tus hijos? Esta última, mi amigo, es la meta de un padre conforme al corazón de Dios, y todo lo demás es secundario. Aquí es donde debe estar tu enfoque. Pasa todos los días de tu vida preparando a tus hijos para que conozcan a Dios por medio de Jesucristo y vivan su vida conforme al corazón de Dios.

Un papá debe seguir las normas de Dios (v. 27)

Si un papá no conoce y sigue las normas de Dios para correr la carrera, puede quedar descalificado (v. 27). En los días de Pablo, cualquier participante en los Juegos Olímpicos que no cumplía con las reglas no podía participar en los juegos. Tú eres un papá en virtud del nacimiento de tu hijo. La cuestión es, ¿vas a ser un papá conforme al corazón *de Dios*, o vas a ser papá según tu *propio* corazón?

Un papá se descalifica a sí mismo si no está dispuesto a pagar el precio necesario para ser un papá según Dios. La ignorancia no es excusa. En una carrera, si un corredor no conoce la regla que dice que no puede salirse del andarivel, eso no lo excusa de quedar descalificado. Una parte vital de la participación es conocer las reglas y cumplirlas.

Lo mismo puede decirse de tu paternidad. Dios ha establecido las normas para los padres y espera que las sigas. Están claramente expresadas en la Biblia, y debes dedicar interés y tiempo a conocerlas y seguirlas.

¿Quieres saber lo que me ayudó a motivarme para ser un papá que sigue las normas de Dios? La Biblia pregunta: "¿Qué aprovechará al hombre si ganare todo el mundo, y perdiere su alma?" (Mr. 8:36). Como padre, he aplicado a menudo este versículo a mi paternidad parafraseándolo de la siguiente manera: "¿Qué aprovechará a un papá, si ganare todo el mundo, pero perdiere a su hijo o hija?".

No abandones la carrera de la paternidad. Tus hijos te necesitan con un *compromiso completo*. Y no dejes de seguir las directrices de Dios para los padres y te descalifiques a ti mismo. Una vez más, tus hijos te necesitan con un *compromiso completo*, junto a ellos, en cada paso del camino.

Ser papá requiere esfuerzo

Tus hijos solo tienen un papá: tú. No importa cómo llegaron a ser parte de tu familia; si están en tu hogar, están bajo tu cuidado. Nadie más puede ocupar el rol de padre en la vida de tus hijos. Ahora, después de leer este libro, estoy seguro de que no estás tomando a la ligera tu posición como padre. Te estás dando cuenta de que requiere esfuerzo ser la clase de padre según Dios; en realidad, requiere mucho esfuerzo.

Pero al igual que un atleta tiene entrenadores, preparadores físicos y equipamiento que le ayudan a tener un rendimiento óptimo, tú también tienes ayuda que te puede mantener bien capacitado para tu tarea de ser padre. Dios te ha proporcionado algunos recursos valiosos que pueden ayudarte en el cumplimiento de tu llamamiento, de modo que no estás solo. Él ha hecho su parte; ahora te toca a ti hacer la suya.

¿Cuáles son algunos de los recursos que Dios te ha dado?

El Espíritu Santo. El Espíritu te da el poder a través de la Palabra de Dios. Cuando mis hijas eran niñas pequeñas, compré una Biblia y comencé a leerla cada día. El Espíritu de Dios comenzó a obrar en mí y me convenció de que mis prioridades estaban equivocadas. Por primera vez me di cuenta de lo que significaba ser un padre que criaba a sus niñas "en disciplina y amonestación del Señor" (Ef. 6:4). Si eres creyente en Cristo, Dios te ha dado esta misma Biblia y este mismo Espíritu. Lee tu Biblia. Sigue las instrucciones que Dios puso en ella. Sé para tus hijos la clase de padre según Dios.

Buenos ejemplos. Hay hombres en tu iglesia que van unos pasos por delante de ti en la carrera de la paternidad, y puede ser que incluso algunos de ellos estén bastante avanzados. Dios te los ha proporcionado para ayudarte. Así que acércate a ellos, y pídeles ayuda y consejo.

Quizá podrían hacer lo que hicieron Greg y Bill, y reunirse una vez a la semana. Pide a uno de esos hombres maduros que se reúna contigo para que puedas aprender de su sabiduría y experiencia. Pídele que lea este libro contigo y agregue sus comentarios. Cuando mis hijas eran pequeñas, en cada etapa de su desarrollo, yo buscaba a hombres que ya habían sobrevivido a esa fase y tenían sabiduría para transmitir que me permitiría ser un mejor papá.

A estas personas se las llama *mentores*, y la palabra mentor, tiene tras sí una historia muy interesante. Según la antigua mitología griega, un hombre llamado Mentor fue tutor del hijo del gran guerrero Ulises, que tuvo que dejar su hogar para ir a luchar en la guerra de Troya. Después de la guerra, Ulises no pudo volver a casa por muchos años más. Durante todo ese tiempo, Mentor educó a Telémaco, el hijo de Ulises, y le enseñó y lo entrenó para la vida. Eso es lo que otros padres hicieron por mí cuando yo estaba criando a mis hijas, y eso es lo que otros hombres pueden hacer también por ti. Ellos pueden ser tus mentores durante tus años como papá y ayudarte a cumplir con las responsabilidades de ser padre.

Libros cristianos. Me quito el sombrero ante ti por leer este libro; no porque sea un libro que yo escribí, sino porque es un libro. No muchos papás leen libros, especialmente libros sobre crianza de hijos. En una búsqueda informal en Amazon.com, descubrí que hay cerca de 80.000 libros que tienen más o menos que ver con el tema de la paternidad y crianza de hijos, y puedes estar seguro de que hay muchos libros cristianos incluidos en ese número. Los libros te ayudarán a complementar lo que estás aprendiendo de tus mentores. Y si no puedes encontrar un mentor, los autores de libros cristianos pueden llegar a ser tus mentores.

Ser papá requiere un enfoque en el presente

Las carreras de larga distancia son tanto una hazaña mental como física. Si durante las primeras etapas de mi carrera diaria pienso en la cantidad de kilómetros que me quedan, me puedo sentir rápidamente abrumado o derrotado. Pero cuando me concentro en los pasos directamente en frente de mí y pienso solo en mi siguiente zancada, me resulta mucho más fácil seguir avanzando hacia la línea de meta.

Si te tomaras un momento ahora mismo para empezar a

pensar en todo lo que implica la crianza de un hijo según el corazón de Dios (desde el nacimiento hasta el momento en que el hijo deja el hogar de sus padres), te garantizo que te sentirías abrumado por la magnitud y la seriedad de la tarea. Es impresionante considerar que tienes la administración sobre un alma humana que va a vivir por toda la eternidad. Eso es algo muy importante, ¿no es así? Sí, es verdad que es Dios quien determina el destino eterno de tus hijos; pero humanamente hablando, tú y tu esposa son responsables de su desarrollo físico, intelectual y espiritual.

Al concentrarte en tu tarea como padre conforme al corazón de Dios, piensa solo en el camino que tienes justo en frente de ti (el día de hoy), el día que estás viviendo en este momento, el día que está por delante. Piensa en el valor de solo ese día. Consta de 24 horas, o 1440 minutos, o 86.400 segundos. Tu lema debe ser carpe diem, que significa "Aprovecha el día". Debes centrarte solo en ese día y tratar de dar todo para ser el mejor padre que puedes ser para tus hijos… solo por este día. Entonces despierta al día siguiente.

> Un día es todo lo que tienes en este momento, pero en él yace la eternidad.

Reflexiona sobre el día anterior, regocíjate en tus victorias, aprende de tus derrotas, y luego, por la gracia de Dios, sal a tu nuevo día e intenta ser un padre aún mejor en este nuevo día.

Papá, tú sabes que habrá veces que fracasarás. Pero el secreto para el éxito a largo plazo es no darte por vencido. El premio de criar a un niño que ama a Dios es demasiado grande como para darse por vencido cuando la adversidad se presenta. Haz que cada día cuente. Vive cada día como si fuera el último día en la tierra con tus hijos. Planifícalo. Aprécialo. Dale la bienvenida. Evalúalo. Aprende de él. Y lo más importante de todo, disfrútalo.

¿Qué pasará cuando cumplas con tu papel de crianza de hijos un día a la vez? Por supuesto, ¡estarás disfrutándolo! No vas a estar preocupado por el mañana, porque estarás siendo el mejor papá que sabes puedes ser hoy. Pronto se irán sumando más y más días buenos como papá. Te encontrarás con ganas de congelar y conservar la imagen de cada etapa de la vida de tus hijos, ya que todos se estarán divirtiendo mucho en cada una de ellas.

Un día es todo lo que tienes en este momento, pero en él yace la eternidad. Así que aprecia el hoy con tus hijos, y haz lo mismo otra vez mañana. Entonces un día, con la ayuda de Dios, te sentirás lleno de orgullo y asombro mientras caminas por el pasillo de la iglesia con tu hermosa hija, ya mayor de edad, hacia los brazos de un joven cristiano, el hombre por el que has orado todos los días de su vida. O vas a estar sentado entre el público cuando tu hijo camine a través de un escenario con su diploma de la universidad en la mano, un hijo que está listo para la enfrentarse a la sociedad como un cristiano fuerte y apasionado.

Estoy seguro de que tienes sueños y visiones de futuro para tus hijos. Ya sea que se casen o no, que obtengan títulos universitarios o no, eso no es lo esencial. Lo fundamental es que los hijos representan la próxima generación de Dios. Esperemos que ellos se preparen para vivir como tú has vivido conforme al corazón de Dios, y luego repetir el proceso con sus propios hijos. Como un padre que está dispuesto a llegar hasta el final de la carrera, tienes una contribución que hacer. Haz lo que el salmista hizo: "Haré perpetua la memoria de tu nombre en todas las generaciones; por lo cual te alabarán los pueblos eternamente y para siempre" (Sal. 45:17).

No puedo dejar de poner fin a este capítulo en donde lo comencé, es decir, con la ilustración de correr un maratón. Me dijeron que el secreto para terminar bien un maratón es encontrar un buen "ritmo", esto es, establecer un paso y una velocidad que funcionen para ti. Del mismo modo, cuando se trata de ser un padre según el corazón de Dios y criar hijos conforme al corazón de Dios, la búsqueda de tu paso o ritmo es el secreto para hacerlo bien. El desarrollo de tu propio ritmo y rutina de padre es la clave del éxito en la carrera de la larga distancia que es la paternidad.

Trata de encontrar un ritmo que tenga el menor número de variables posibles. Por encima de todo, asegúrate de que Dios esté en el centro de todo lo que hagan como familia: que sean una familia conforme al corazón de Dios. Luego haz tu parte para hacer de tu hogar un lugar feliz, pacífico y seguro para tus hijos. Y no te sorprendas si esa atmósfera maravillosa de tu hogar hace que los amigos de tus hijos quieran también pasar el rato en tu casa.

Así que encuentra tu ritmo… y disfruta de la carrera.

¡Papá, tú puedes hacerlo!

Ahora dispones de una gran cantidad de información y responsabilidades para pensar y orar. Quiero animarte una vez más a que tomes en serio tu papel como padre. Tómate el tiempo necesario para hacer una pausa y pensar en lo que implica ser un padre conforme al corazón de Dios. No hay una meta más grande que la de ser un padre según Dios. Una vez que esa meta está firmemente establecida en tu corazón y mente, toma la decisión de recordar esto cada mañana antes de levantarte de la cama: "Hoy voy a ser un papá conforme al corazón de Dios".

Entonces, con toda la confianza y fortaleza que viene por conocer y reconocer esta parte de la voluntad de Dios para tu día, salta de la cama con emoción y entusiasmo y cumple tu misión.

Pequeños pasos que hacen una gran diferencia

1. *Evalúa tus prioridades.* Es fácil pensar que estás haciendo lo que es mejor para tus hijos al esforzarte para darles cosas, cosas y más cosas: buenas escuelas, clases particulares, la última moda, el teléfono inteligente más reciente, y, por supuesto, un televisor e Internet en sus habitaciones. La lista podría seguir y seguir. Pero lo que tus hijos más necesitan es un padre que mental, física y espiritualmente se ha puesto a sí mismo a la cabeza de su lista de elementos esenciales; ese es un padre que está completamente comprometido. ¿Qué dice tu lista de prioridades? La evaluación de tus prioridades es un paso pequeño pero importante para ser un mejor papá.

2. *Evalúa tu horario.* También es fácil dar por supuesto que tus prioridades ya están en orden y que tu familia es lo primero. Pero lo que *piensas* y lo que en realidad *haces* puede ser muy diferente. Entonces, haz una lista de tus compromisos, actividades y pasatiempos. Aparte de trabajar, ¿qué está consumiendo la mayor parte de tu tiempo? ¿Qué revela tu horario acerca de tu enfoque? ¿Quién o qué recibe la mayor parte de tu tiempo y atención? Si tus hijos no están a la cabeza o cerca de la cabeza de la lista, ¿qué hace falta para que te asegures de pasar más tiempo con tu familia?

3. *Haz algunos cambios*. Al ir dando esos pequeños pasos de evaluación de tus prioridades y horario, ¿estás sorprendido por la cantidad de tiempo que estás gastando en la búsqueda de otras cosas aparte de ser el mejor padre que puedes ser? Si es así, comienza a cambiar las cosas. Empieza con algo pequeño. Luego, a medida que comiences a ver las respuestas positivas en tus hijos, intensifica tus esfuerzos y piensa en los cambios más grandes que puedes hacer.

4. *Empieza de nuevo cada día*. Un papá conforme al corazón de Dios no se basa en los resultados de ayer. Si los resultados de ayer no fueron tan buenos, no te detengas ahí. Si fueron buenos, no lo uses como una excusa para relajarte. Comienza de nuevo cada día con un borrón y cuenta nueva de los deseos, las expectativas y los sueños para tu familia y para ti mismo como padre. ¿Qué es lo que puedes hacer hoy para ser el mejor padre posible, solo por hoy?

5. *Comienza con una decisión que va a marcar una gran diferencia*. Si tu horario (o egocentrismo o falta de motivación) te impide participar en la vida de tus hijos, pídele a Dios que te muestre decisiones que puedes tomar para tener más oportunidades de interacción con tu familia. Y no olvides preguntar a tu esposa por su opinión. Comienza con una decisión que favorecería tu acercamiento a los niños. Podría ser algo tan pequeño y fácil como ayudar a los niños a prepararse para la escuela.

6. *Toma la decisión de demostrar tu amor*. Todos los "pequeños pasos" arriba mencionados mostrarán a tus hijos que los amas y te preocupas por ellos. Pero también es importante que expreses tu amor con palabras. No se puede decir en demasía "Te amo", y no puedes demostrar tu amor demasiado. Ningún hijo se ha visto jamás afectado negativamente por una sobredosis de amor.

Papá, tu mano sobre mi hombro
me guiará por siempre.
Autor Desconocido

Cualidades para transmitir a tus hijos

Determinación: "Sigue adelante, a pesar de todo".

Sinceridad: "Habla y vive la verdad siempre".

Responsabilidad: "Sé confiable y leal".

Consideración: "Piensa en los demás antes que en ti mismo".

Confidencialidad: "No reveles secretos. Sella tus labios".

Puntualidad: "Llega a tiempo".

Dominio propio: "Cuando estés bajo estrés, mantén la calma".

Paciencia: "Lucha contra la irritabilidad. Está dispuesto a esperar".

Pureza: "Rechaza todo aquello que rebaje tus normas".

Compasión: "Cuando otro esté sufriendo, sufre con él".

Diligencia: "Trabaja duro. Aguanta firme".[1]

Charles R. Swindoll

---

1. Del libro de Charles R. Swindoll *Growing Strong in the Season of Life*, como se cita en *Lists to Live By*, compilado por Alice Gray, Steve Stephens, John Van Diest (Sisters, OR: Multnomah, 1999), p. 267.

GUÍA DE ESTUDIO

— (1) —

Un papá que tiene un modelo divino

1. Todo papá necesita ayuda. Y cada papá necesita un modelo. Piensa en los hombres en tu iglesia. ¿Hay alguno al que podrías acercarte en busca de ayuda y consejo y tal vez incluso para una relación de tutoría? Anota algunos nombres y comienza a orar.

2. Dios es el modelo supremo y perfecto de paternidad. ¿Qué aspectos de su papel como Padre ves en los siguientes versículos?

Salmo 68:5:

Salmo 89:26:

Salmo 103:13:

3. Lee Romanos 4:11 en tu Biblia y examina la sección "El Padre de los que creen". ¿Qué significa "Padre de los creyentes" para ti personalmente? (Si no estás seguro de cómo responder a esa pregunta, habla del tema con uno de los hombres que has identificado en la pregunta 1, o pídele a tu pastor que te lo explique).

4. Lee en la Biblia 1 Samuel 2:12-25. ¿Qué hicieron los hijos de Elí que fue malo o perverso?

¿Qué hizo Elí que fue malo o perverso?

En la sección titulada "¡Papá, tú puedes hacerlo!" lees esta declaración: "Tus hijos son tuyos y puedes influir en ellos para bien o para mal". ¿Cómo vivió Elí esa declaración como un padre?

5. Elige uno de los "Pequeños pasos que hacen una gran diferencia" y comprométete a practicarlo en esta semana. Escríbelo aquí, junto con algunas acciones que llevarás a cabo de inmediato.

6. ¿Qué verdad en este capítulo tuvo el mayor impacto en ti como padre? ¿Por qué?

(2)

Un papá que camina en el Espíritu

1. Lee Gálatas 5:22-23 en tu Biblia y anota aquí la lista del fruto del Espíritu. ¿Por qué crees que es importante que muestres esas cualidades como padre?

2. Haz un repaso rápido de la sección bajo cada uno de los nueve frutos del Espíritu. Menciona dos secciones (o frutos) que te hayan hablado acerca de acciones o actitudes que estás mostrando hacia tus hijos que deben ser corregidas. Escribe un plan para comenzar a hacer cambios en cada una.

—

—

3. Si una persona te pide que le expliques lo que significa "andad en el Espíritu", ¿qué le dirías? (Sugerencia: ver la explicación en la sección "El arte de caminar").

4. Lee de nuevo la sección titulada "El arte de caminar". Luego, en pocas palabras, escribe lo que significa "permanecer en Cristo".

5. Al continuar leyendo "El arte de caminar", anota las cuatro "elecciones" que puedes hacer que te mantendrán cerca de Jesús.

—

—

—

—

Mientras piensas y examinas tu vida y rutina coti-dianas, ¿qué cambios puedes hacer que promuevan tu crecimiento espiritual y mejoren tu caminar con Cristo? ¿Cuándo planeas hacerlos?

6. Elige uno de los "Pequeños pasos que hacen una gran dife-rencia" y comprométete a practicarlo en esta semana. Escríbelo aquí, junto con algunas acciones que llevarás a cabo de inmediato.

7. ¿Qué verdad en este capítulo tuvo el mayor impacto en ti como padre? ¿Por qué?

—————(3)—————

Un papá que es un maestro

1. Lee Deuteronomio 6:6-7 en tu Biblia. ¿Qué instrucciones sobre la crianza de los hijos da Dios a los padres en...

Versículo 6:

Versículo 7:

¿Por qué estos versículos son importantes para ti como papá?

2. Según Deuteronomio 6:5, ¿cuál es tu primera prioridad como padre?

3. Lee los versículos que siguen más abajo en tu Biblia y presta atención a lo que te dice cada uno sobre cómo interiorizar la Palabra de Dios.

Josué 1:8:

Salmo 119:11:

Proverbios 7:1-3:

Colosenses 3:16:

¿De qué manera tener la Palabra de Dios en tu corazón realza tu función como maestro de tus hijos?

4. Deuteronomio 6:6-7 manda a los papás que enseñen la Palabra de Dios a sus hijos. ¿Qué puedes hacer hoy para llevar a cabo el mandato de Dios? Y ¿qué puedes hacer mañana?

5. Escribe las cuatro oportunidades clave que tienes cada día para enseñar a tus hijos acerca de Dios "hablándoles".

—

—

—

—

Para cumplir con lo que Dios pide, ¿qué debes hacer? (Enumera varias decisiones que debes tomar cada día).

6. Elige uno de los "Pequeños pasos que hacen una gran diferencia" y comprométete a practicarlo en esta semana. Escríbelo aquí, junto con algunas acciones que llevarás a cabo de inmediato.

7. ¿Qué verdad en este capítulo tuvo el mayor impacto en ti como padre? ¿Por qué?

GUÍA DE ESTUDIO

Un papá que es un instructor

1. Lee de nuevo el relato introductorio. ¿Puedes identificarte con la preocupación irresuelta de Greg sobre enseñar y formar a sus hijos? ¿Cuáles son algunas de tus preocupaciones acerca de tu papel como maestro en la vida de tus hijos?

2. Resume en pocas palabras lo que este capítulo destaca sobre las diferencias entre *enseñar* e *instruir*.

   Enseñar a mis hijos involucra:

   Instruir a mis hijos involucra:

3. La instrucción de los hijos es un tema recurrente en la Biblia. ¿Qué dicen estos versículos acerca de la instrucción de tus hijos?

   Proverbios 22:6:

   Efesios 6:4:

   2 Timoteo 3:14-15:

4. Dios ofrece dos lugares de instrucción para tus hijos: el hogar y la iglesia. ¿Qué esfuerzos estás haciendo actualmente para instruir a tus hijos en casa?

Si no has comenzado tu instrucción en el hogar, ¿cuál sería un buen primer paso para ti y cuándo vas a darlo?

5. El segundo lugar de instrucción de Dios para tus hijos es tu iglesia. Echa otro vistazo en este capítulo a la lista de excusas que algunos papás utilizan para no llevar a su familia al templo. ¿Qué excusas has utilizado (o te has visto tentado a utilizar) algunas veces?

¿Qué comunica Hebreos 10:24-25 acerca del deseo de Dios para su pueblo de reunirse para adorar juntos?

6. Lee Lucas 2:41-49. ¿Qué revela esta escena sobre el compromiso de los padres de Jesús de cumplir el mandato de Dios de que su pueblo se reúna para adorarle?

Cuando Jesús era un jovencito de 12 años de edad, ¿cuán importante en su vida fue este viaje para que su familia pudiera adorar a Dios? ¿Qué sucedió mientras Jesús estaba allí?

Obviamente los padres de Jesús estaban comprometidos a adorar en la manera establecida por Dios. Y evidentemente se propusieron llevar a Jesús con ellos. Un erudito hizo este comentario sobre los padres de Jesús:

> La familia de Jesús tenía las prioridades bien establecidas. Las familias que forman hábitos regulares de adoración son menos propensas a que su vida espiritual se desvíe hacia otras atracciones. Mantén la adoración a la cabeza de la agenda de tu familia. Poner a Dios en primer lugar es un gran ejemplo para los hijos, que rápidamente aprenden de qué se preocupan sus padres al observar cómo planean y usan el tiempo.[1]

¿Cuán importante es la adoración regular…

para tu crecimiento espiritual?

para el desarrollo espiritual de tus hijos?

7. Elige uno de los "Pequeños pasos que hacen una gran diferencia" y comprométete a practicarlo en esta semana. Escríbelo aquí, junto con algunas acciones que llevarás a cabo de inmediato.

8. ¿Qué verdad en este capítulo tuvo el mayor impacto en ti como padre? ¿Por qué?

---

1. Bruce B. Barton et al, *Life Application Bible Commentary—Luke*, (Wheaton, IL: Tyndale House, 1997), p. 56.

GUÍA DE ESTUDIO

—————————————(5)—————————————

Un papá que es un entrenador

1. Los militares tienen ciertos objetivos para sus reclutas. En tu papel de "entrenador", ¿cuál es tu objetivo principal como se indica en la sección titulada "Aceptar otra misión"?

2. La obediencia no significa perfección. Sí habla de la disposición de obedecer incluso cuando te enfrentas con el pecado. En este capítulo se ve el contraste del corazón de los dos hombres: Saúl y David. Lee 1 Samuel 15:10-23 y describe brevemente cómo las acciones del rey Saúl mostraron un corazón desobediente.

Luego lee 2 Samuel 12:1-13 y describe brevemente cómo la respuesta de David a la reprensión de Dios a través del profeta Natán revelaron un corazón obediente.

3. Explora la sección titulada "El entrenamiento exitoso comienza contigo". ¿Cuál es el mensaje básico para ti como papá?

4. Al pensar en las "10 razones por las que los papás no disciplinan", enumera las tres razones con las que tienes las mayores dificultades, y por qué:

—

—

—

   ¿En qué han cambiado tus puntos de vista desde que comenzaste a leer este libro, y que estás haciendo al respecto?

5. Elige uno de los "Pequeños pasos que hacen una gran diferencia" y comprométete a practicarlo en esta semana. Escríbelo aquí, junto con algunas acciones que llevarás a cabo de inmediato.

6. ¿Qué verdad en este capítulo tuvo el mayor impacto en ti como padre? ¿Por qué?

─────────(6)─────────

Un papá que es un intercesor

1. Aquí tienes algo para pensar en ello: ¿Por qué ser un intercesor a favor de tus hijos es el papel más fácil para que lo intente un papá, pero es el más difícil de practicar fielmente día tras día, año tras año?

2. Lee Job 1:1-5 y cita la lista de preocupaciones de Job por sus hijos. ¿Qué hizo él con sus preocupaciones?

   ¿Qué mensaje te está dando el ejemplo de Job a ti como padre?

3. Lee Génesis 18:20-33. Ten en cuenta que Lot, el sobrino de Abraham, y su familia están viviendo en Sodoma y Gomorra. Este pasaje de la Biblia es considerado un ejemplo clásico de la oración de intercesión. Basado en el diálogo de Abraham con Dios, ¿qué aprendes acerca de Dios?

   ¿Qué aprendes de Abraham acerca de la oración de intercesión?

P. D.: Lee Génesis 19:29 para el resultado de la intercesión de Abraham. ¿Qué pasó?

Preguntas extra: Lee 2 Samuel 12:13-23. Este pasaje tiene que ver con lo que pasó después del pecado de David con Betsabé, que era la esposa de otro hombre, y después de que el profeta Natán confrontó a David acerca de su pecado y las consecuencias de que su hijo moriría. ¿Cómo respondió David a la enfermedad del niño en los versículos 16-17?

¿Cuánto tiempo siguió David intercediendo a favor de su hijo (v. 18)?

¿Qué aprendes acerca de la oración de intercesión a favor de tus hijos basado en el ejemplo de David?

4. Repasa la sección "Entendamos la oración" y anota un concepto acerca de la oración que era nuevo para ti o que sirvió como un buen recordatorio. ¿Por qué escogiste ese concepto en particular?

5. Analiza la sección "El problema de orar" y escribe la razón con la que más te identificas.

¿Cuál es el primer paso que puedes dar para empezar a orar más, y cuándo lo darás?

6. Elige uno de los "Pequeños pasos que hacen una gran diferencia" y comprométete a practicarlo en esta semana. Escríbelo aquí, junto con algunas acciones que llevarás a cabo de inmediato.

7. ¿Qué verdad en este capítulo tuvo el mayor impacto en ti como padre? ¿Por qué?

---(7)---

Un papá que es un guerrero de oración

1. Echa un vistazo a la historia introductoria de este capítulo y ten en cuenta la declaración de Bill: "La intercesión es reactiva… pero ser un guerrero de oración es algo proactivo". El capítulo anterior trataba sobre la intercesión: la oración a favor de tus seres queridos. ¿En qué sentido ser un guerrero de oración es algo proactivo?

2. Lee Efesios 6:10-17 en tu Biblia. ¿Qué hace que estos versículos sean especialmente útiles para ti como un padre que va a ser un guerrero de oración por su familia?

3. Efesios 6:18 te da tus "órdenes de marcha" como guerrero de oración. ¿Qué dice el versículo 18 sobre los siguientes asuntos?:

La frecuencia de tus oraciones:

La variedad de tus oraciones:

La fuerza de tus oraciones:

La actitud de tus oraciones:

La determinación de tus oraciones:

Las metas de tus oraciones:

4. De la sección titulada "¿Qué se requiere para ser un guerrero de oración?" cita los dos requisitos. Luego describe por qué cada uno es importante para ser un padre que lucha por sus hijos en oración.

Primero…

Porque…

Segundo…

Porque…

5. El apóstol Pablo fue un gran guerrero de oración y nos mostró cómo ser proactivos a través de la oración por los hijos. Dedica unos minutos a tomar nota del contenido de las oraciones de Pablo por sus "hijos" en la fe en estos versículos:

Romanos 1:9-10:

Filipenses 1:4, 9-11:

Colosenses 1:3, 9-11:

2 Tesalonicenses 1:11:

2 Timoteo 1:3:

Filemón 4:

Pablo oró específicamente por sus hijos en la fe, y tú también puedes, y debes, hacerlo. Para empezar tu camino como un guerrero de oración, determina un asunto específico por el que necesitas orar en relación con cada uno de tus hijos. Anota esos asuntos aquí, y deja que comience la batalla.

6. Elige uno de los "Pequeños pasos que hacen una gran diferencia" y comprométete a practicarlo en esta semana. Escríbelo aquí, junto con algunas acciones que llevarás a cabo de inmediato.

7. ¿Qué verdad en este capítulo tuvo el mayor impacto en ti como padre? ¿Por qué?

(8)

Un papá que es un pastor

1. ¿Qué hace un pastor? Lee estos versículos en tu Biblia. Describe brevemente las actividades de un pastor.

Génesis 31:40: un pastor _____

1 Samuel 17:34-36: un pastor _____

Salmo 23:1: un pastor _____

Juan 10:11: un pastor_____

Juan 10:14: un pastor _____

Papá, ¿cómo te va en la tarea de ser pastor? Revisa tu rebaño para saber quién necesita tu atención inmediata al máximo, escribe lo que piensas hacer, y hazlo hoy. Tus ovejas te lo agradecerán.

2. Lee de nuevo la sección "Un papá alimenta su rebaño" y compara lo que ya estás haciendo con las sugerencias que se dan allí. ¿Qué otras actividades de esta sección te gustaría también poner en práctica?

¿Se te ocurren otras prácticas que podrías intentar para centrar la vida de tus hijos alrededor de la Palabra de Dios? Anótalas y ora por ello.

3. Un pastor guía a su rebaño y eso mismo hace un papá. Comenta sobre cada una de estas declaraciones que tienen que ver con dirigir a tu familia:

El liderazgo es un estilo de vida. No es algo esporádico ni ocasional. ¿Cómo puedes ser más constante en tu liderazgo en el hogar?

El liderazgo permite la ayuda. Puedes aunar esfuerzos con tu esposa, con los abuelos, con los maestros de tus hijos, y con los líderes de tu iglesia. ¿Quién forma parte de tu equipo de liderazgo?

El liderazgo se interesa. Las ovejas prosperan durante atención personal y tiempo con su pastor. Los hijos necesitan lo mismo. ¿Cuán interesado estás en tu rebaño? ¿Cómo (y cuándo) puedes pasar más tiempo cada día con cada hijo?

El liderazgo busca consejo. Como papá, tú puedes y debes buscar consejo de los papás que te han precedido. Mediante la búsqueda de consejo sabio, puedes reducir el número de errores que cometes. ¿Quiénes forman tu equipo de consejeros?

El liderazgo sigue el manual. ¿Quieres que tú y tu familia tengan menos problemas? ¿Necesitas respuestas y soluciones a los problemas que tienes? Entonces, lee y sigue el supremo manual: la Biblia. Si no sabes por dónde empezar, lee el libro de Josué o el de Nehemías para ver a los líderes en la acción y las cualidades que los hicieron líderes.

4. Elige uno de los "Pequeños pasos que hacen una gran diferencia" y comprométete a practicarlo en esta semana. Escríbelo aquí, junto con algunas acciones que llevarás a cabo de inmediato.

5. ¿Qué verdad en este capítulo tuvo el mayor impacto en ti como padre? ¿Por qué?

─────(9)─────

Un papá que es un centinela

1. Lee Hechos 20:29-31 en tu Biblia y describe por qué el apóstol Pablo quería que los que ejercieran posiciones de liderazgo fueran vigilantes en su cuidado de los miembros de la iglesia.

¿Qué semejanzas hay entre la preocupación de Pablo por la condición espiritual y la seguridad de la iglesia y tu preocupación por la condición y seguridad espiritual de tu propia familia?

2. En la sección titulada "La función de un centinela", ¿qué dos maneras se sugieren para mantenerse alerta como un centinela?

—

—

Anota lo que estás haciendo ahora (o lo que debes hacer) para mantenerte bien alerta en el cuidado amoroso y vigilante de tu familia.

3. Vigilar es un aspecto de tus deberes como papá. ¿Cuál es tu otro deber y responsabilidad como padre cuando ves que el enemigo se acerca?

> Dedica unos minutos a pensar en cada uno de tus hijos. ¿Qué asuntos preocupantes estás viendo en cada uno de ellos en este momento? ¿Qué tienes que hacer tú, el centinela de tu familia, inmediatamente para advertir a tus hijos, incluso si estás seguro de que te verán como el "malo de la película"?

4. La analogía de acompañar a un hijo en una carrera hasta la línea de llegada es una buena manera de medir tu participación y compromiso con la crianza de tus hijos para que lleguen a ser hombres y mujeres según el corazón de Dios. ¿Dónde ves tu nivel de compromiso en una carrera de 10 kilómetros? Como centinela, ¿necesitas hablar más? ¿Estar más involucrado? ¿Correr a la par de tu hijo?

Tómate unos minutos para evaluar sinceramente el nivel de tu deseo de ser un centinela comprometido y dedicado hasta el final. Escribe algunas observaciones en la sección "Notas para mí" que te ayuden en tu plan de estar más involucrado como padre.

5. Elige uno de los "Pequeños pasos que hacen una gran diferencia" y comprométete a practicarlo en esta semana. Escríbelo aquí, junto con algunas acciones que llevarás a cabo de inmediato.

6. ¿Qué verdad en este capítulo tuvo el mayor impacto en ti como padre? ¿Por qué?

---------------(10)---------------

Un papá que es un guía

1. Según los siguientes versículos, ¿qué te está diciendo la Palabra de Dios acerca de algunos de los propósitos de Dios para ti como papá?

Deuteronomio 6:6-7:

Proverbios 22:6:

Efesios 6:4:

¿Cómo debería impactar o dictar tus prioridades el conocimiento de estos propósitos específicos para ti como un padre?

Definir el problema es parte de la solución. ¿Qué cambios o ajustes necesitas hacer en tus prioridades para que puedas cumplir mejor los propósitos de Dios?

2. Como papá, también tienes la tarea dada por Dios de guiar a tus hijos a encontrar el propósito de Dios. Escribe las cinco

prácticas de toda la vida que darán dirección a tus hijos. Debido a que un guía va por delante, indica cómo vas a ser un ejemplo de esas prácticas para tus hijos. Sé específico.

Práctica #1:

¿Cómo vas a ser específicamente un ejemplo de esto?

Práctica #2:

¿Cómo vas a ser específicamente un ejemplo de esto?

Práctica #3:

¿Cómo vas a ser específicamente un ejemplo de esto?

Práctica #4:

¿Cómo vas a ser específicamente un ejemplo de esto?

Práctica #5:

¿Cómo vas a ser específicamente un ejemplo de esto?

3. Buscar "el camino más alto" (Práctica #5) es una rareza en el mundo. Dedica un minuto o dos a reflexionar sobre este concepto escribiendo tres versículos de la Biblia:

Eclesiastés 9:10:

1 Corintios 10:31:

Colosenses 3:23-24:

¿Cuán importante es para ti honrar a Dios? ¿Con qué frecuencia piensas en ello y procuras hacerlo? Con bolígrafo en mano, escribe la fecha de hoy y tu compromiso personal de comenzar a detenerte, pensar, orar y buscar el camino más alto de excelencia en todas tus decisiones, es decir, de elegir a propósito caminar por la senda que dará gloria a Dios.

La fecha de hoy: _____

Mi compromiso:

4. Elige uno de los "Pequeños pasos que hacen una gran diferencia" y comprométete a practicarlo en esta semana. Escríbelo aquí, junto con algunas acciones que llevarás a cabo de inmediato.

5. ¿Qué verdad en este capítulo tuvo el mayor impacto en ti como padre? ¿Por qué?

11

Un papá que es un alentador

1. Vuelve a leer la conversación de Bill y Greg sobre la práctica del fútbol. Piensa en las palabras de Bill: "Muchos de los padres de estos niños expresan decepción cuando sus hijos no presentan un fuerte potencial atlético. Por desgracia, estos padres no se dan cuenta del valor de alentar a sus hijos".

Piensa ahora en la semana pasada. ¿Puedes señalar algunos momentos específicos en los que diste una palabra de ánimo a cada uno de tus hijos? ¿Qué pasó? ¿Cuál fue la reacción o respuesta de tu hijo?

Si te está costando pensar en un momento así, este capítulo es para ti. Al igual que Bill le dijo a Greg: "No seas un padre que solo ve lo que su hija no puede hacer. En su lugar, ve lo que sí puede hacer. Sé su mayor admirador".

2. Lee Juan 16:32-33. En este pasaje, Jesús reconoció la angustia de sus discípulos y los animó. Aquí vemos y escuchamos a Jesús sentar una base sólida para el valor y la confianza de los discípulos frente a las pruebas y tribulaciones. Escribe las partes del versículo 33 que muestran que Jesús…

les dijo la verdad:

los animó:

les dio una razón para tener confianza y valor:

¿Qué aprendes de la interacción de Jesús con sus discípulos acerca de alentar a tus hijos? O dicho de otra manera, ¿qué harás de manera diferente la próxima vez que percibas angustia en tus hijos? ¿Qué quieres recordar de hacer o no hacer?

3. En la sección titulada "Cómo ser el alentador principal de tus hijos", ¿cuál es la primera regla que debes seguir y por qué crees que es importante?

4. De acuerdo con la sección "Cómo ser el alentador principal de tus hijos", tienes que tomar tres decisiones. Escríbelas aquí y describe cómo cada una de esas decisiones puede asegurar que tus palabras de ánimo sean auténticas y tu entusiasmo sea genuino.

Decisión #1:

Decisión #2:

Decisión #3:

5. Elige uno de los "Pequeños pasos que hacen una gran diferencia" y comprométete a practicarlo en esta semana. Escríbelo aquí, junto con algunas acciones que llevarás a cabo de inmediato.

6. ¿Qué verdad en este capítulo tuvo el mayor impacto en ti como padre? ¿Por qué?

—(12)—

Un papá que es un jugador de equipo

Papá, al tiempo que comienzas a responder a estas preguntas, ¿por qué no invitas a tu esposa a estudiar juntos este capítulo? Entonces, podrán responder a estas preguntas juntos, como un equipo.

1. En Eclesiastés 4:9, el rey Salomón escribió: "Mejores son dos que uno". Con las palabras de Salomón en mente, lee Deuteronomio 6:6-7. ¿Cómo pueden tú y tu esposa actuar en equipo para cumplir con las instrucciones de Dios acerca de enseñar a los hijos? Menciona varias maneras en que tu esposa puede ayudar (o ya te ayuda) con esta responsabilidad.

2. Lee Génesis 2:18. ¿Cómo describe Dios el papel de Eva como esposa de Adán?

El papel de "ayuda idónea" se ha definido y explicado como alguien que comparte las responsabilidades del hombre, responde a su naturaleza con comprensión y amor, y coopera con él de todo corazón en llevar a cabo el plan de Dios.[1] ¿No es emocionante saber que juntos, tú y tu esposa, pueden realizar el plan de Dios? ¡Qué bendición son el uno para el otro! Y qué bendición son para sus hijos. Y qué bendición van a compartir los dos, a sabiendas de

---

1. Charles F. Pfeiffer y Everett F. Harrison, eds., *The Wycliffe Bible Commentary* (Chicago, IL: Moody Press, 1973), p. 5.

que, como equipo, agradan a Dios cumpliendo su voluntad. En verdad, dos son mejor que uno.

3. La crianza saludable de los hijos comienza con un matrimonio saludable. Enumera las cuatro formas en que Aquila y Priscila demostraron como pareja "el poder del esfuerzo en equipo".

—

—

—

—

¿Cuáles son algunas de las lecciones que tú y tu esposa pueden aprender de esta pareja dinámica, lecciones que pueden hacer que tu matrimonio y paternidad sean más eficaces?

4. Enumera las siete sugerencias que se mencionan en la sección "Trabaja en equipo con tus hijos".

—

—

—

—

—

—

—

Señala las que están poniendo en práctica ahora juntos como pareja.

Para cada punto de la lista que no hayas marcado, escribe un paso que tú y tu esposa pueden dar, tan pronto como sea posible, para ponerlo en acción. No pasará mucho tiempo antes de que sean aún más productivos como equipo de crianza.

5. Elige uno de los "Pequeños pasos que hacen una gran diferencia" y comprométete a practicarlo en esta semana. Escríbelo aquí, junto con algunas acciones que llevarás a cabo de inmediato.

6. ¿Qué verdad en este capítulo tuvo el mayor impacto en ti como padre? ¿Por qué?

──────────(13)──────────

Un papá dispuesto a hacer el esfuerzo extra

1. ¿Puedes recordar una caminata, escalada o carrera muy retadora que hayas hecho? Describe el esfuerzo físico y mental que te requirió. Comparte aquí algunos aspectos destacados (o no tan destacados) de esa experiencia.

> Piensa ahora en tus hijos y en tu papel súper retador como padre. ¿Estás aplicando y usando la misma cantidad de tiempo y la misma clase de energía hoy en tus responsabilidades como padre? Ya sabes que criar hijos que siguen a Dios es un esfuerzo mucho mayor que el de hacer una caminata. Es una responsabilidad que afecta a todos los miembros de tu familia y cuenta para la eternidad.

2. Un papá conforme al corazón de Dios compromete todas las facetas de su vida a la crianza y el cuidado de sus hijos. Y da con alegría el 100 por ciento de sus esfuerzos físicos y mentales para cumplir con el reto de Dios y perseverar hasta el fin, para "hacer el esfuerzo extra" como padre. ¿Qué se requiere para hacer el esfuerzo extra, para ser un papá conforme al corazón de Dios? Responder a las preguntas que siguen te guiará en tu meta de llegar hasta el final del camino con tus hijos.

Un papá conforme al corazón de Dios provee supervisión. Tú eres el encargado y el responsable ante Dios por tu familia. ¿Qué dice 1 Corintios 4:2 que se requiere de un mayordomo o supervisor?

Un papá conforme al corazón de Dios vive una vida equilibrada. ¿Cuál es tu mayor lucha en mantener un equilibrio entre tus tareas como proveedor y como padre? ¿Qué cambios pueden ser necesarios?

Un papá conforme al corazón de Dios se sacrifica para tener autodisciplina y dominio propio. En la sección titulada "Ser papá requiere disciplina", aprendimos tres elementos esenciales tomados de 1 Corintios 9: 25-27. Con tu Biblia abierta en estos versículos, resume cómo cada uno de esos elementos esenciales se aplica a ti como un padre que quiere llegar hasta el final… y ganar.

Dominio propio (v. 25):

Enfoque (v. 26):

Cumplimiento de las normas de Dios (v. 27):

Ser un papá conforme al corazón de Dios requiere un tremendo esfuerzo. Pero ánimo, no estás solo. A medida que veas la "lista de recursos" que sigue, toma nota de cómo cada uno de ellos te puede ayudar en tu enorme responsabilidad de criar a tus hijos conforme al corazón de Dios.

> *Ayuda de Dios*: Dios mismo, la Palabra de Dios, y el Espíritu Santo son recursos sólidos. Lee los siguientes versículos clave y comparte brevemente cómo esas verdades deben y pueden animarte a hacer el esfuerzo extra.
>
> Josué 1:9:
>
>
> 2 Timoteo 3:16-17:
>
>
> 2 Pedro 1:3-4:
>
>
> Juan 16:13:
>
>
> *La ayuda de otros*. Además de su ayuda, Dios también te ha dado un ejército de personas como recursos que pueden ayudarte a hacer el esfuerzo extra como un padre. Lee los versículos claves abajo y comparten brevemente cómo deben y pueden animarte a hacer el esfuerzo extra.
>
> *La ayuda de tu cónyuge*. Tú y la madre de tus hijos se preocupan más por tu familia que nadie en el

mundo. Forma un equipo con tu esposa y presenten un frente sólido y un ejemplo de un buen matrimonio para sus hijos.

Génesis 2:18: *La ayuda de tu iglesia.* Ser cristiano te hace miembro de la familia de Dios. Piensa en tu iglesia; tu familia de la iglesia está llena de personas que pueden colaborar contigo a medida que crías a tus hijos. Entre ellos se encuentran los mentores, consejeros, pastores, y tal vez incluso clases y grupos para padres.

Hebreos 10:24-25:

Tu familia extendida. Tu familia es un regalo de Dios. Tus padres y abuelos son un recurso para pedir ayuda, consejo, apoyo y oración para ti como padre. ¿Cuán importante es la familia según se ve en 2 Timoteo 1:5?

Otros recursos. ¿Has oído el dicho "Un líder es un lector"? ¡Bueno, pues es cierto! Como líder de tu familia, sé un lector. Como padre, cuentas con numerosos recursos en libros, audiolibros, estudios en video, e incluso tu biblioteca pública o quizá la biblioteca de la iglesia, donde muchos de esos recursos están disponibles para ti de forma gratuita.

Debido a que todos los recursos anteriores están disponibles para ti como padre, es posible para ti hacer el esfuerzo extra. Ahora, ¿qué es lo que tienes que hacer como papá hoy? ¿Qué cambios debes llevar a cabo de inmediato? Comienza tu lista aquí.

3. Elige uno de los "Pequeños pasos que hacen una gran diferencia" y comprométete a practicarlo en esta semana. Escríbelo aquí, junto con algunas acciones que llevarás a cabo de inmediato.

4. ¿Qué verdad en este capítulo tuvo el mayor impacto en ti como padre? ¿Por qué?

Cómo estudiar la Biblia:
Algunas sugerencias prácticas

Una de las búsquedas más nobles que un hijo de Dios puede emprender es llegar a conocer y entender mejor a Dios. La mejor forma de lograrlo es mirar atentamente el libro que Él ha escrito, la Biblia, que comunica lo que Él es y su plan para la humanidad. Si bien existen diversas maneras de estudiar la Biblia, una de las técnicas más fáciles y eficaces para leer y comprender la Palabra de Dios incluye tres pasos sencillos:

Primer paso. Observación: *¿qué dice el pasaje?*
Segundo paso. Interpretación: *¿qué significa el pasaje?*
Tercer paso. Aplicación: *¿qué haré respecto de lo que el pasaje dice y significa?*

Observación

La observación es el primer paso y el más importante del proceso. Cuando lees un texto bíblico, debes *mirar* con atención lo que dice y cómo lo dice. Busca:

- *Términos, no palabras.* Las palabras pueden tener muchos significados, pero los términos son palabras usadas de manera específica en un contexto específico. (Por ejemplo, la palabra *tronco* podría aplicarse a un árbol o una parte del cuerpo. Sin embargo, cuando lees "ese árbol tiene un tronco muy largo", sabes con exactitud lo que la palabra significa, y eso la convierte en un término).

- *Estructura.* Si buscas en tu Biblia, verás que el texto tiene unidades llamadas *párrafos* (marcados o sangrados). Un párrafo es una unidad completa de pensamiento. Puedes descubrir el contenido del mensaje del autor si observas y comprendes cada párrafo.

▶ *Énfasis.* La cantidad de texto o el número de capítulos o versículos dedicados a un tema específico revelará la importancia que este tiene (por ejemplo, nota el énfasis de Romanos 9-11 y del Salmo 119).

▶ *Repetición.* Esta es otra manera en que el autor demuestra que algo es importante. Una lectura de 1 Corintios 13, donde en apenas 13 versículos el autor usa nueve veces la palabra "amor", nos hace saber que el amor es el punto central del texto.

▶ *Relación entre las ideas.* Presta mucha atención, por ejemplo, a ciertas relaciones que aparecen en el texto:

—Causa y efecto: "Bien, buen siervo y fiel; sobre poco has sido fiel, sobre mucho te pondré; entra en el gozo de tu señor" (Mt. 25:21).

—Condiciones: "si se humillare mi pueblo, sobre el cual mi nombre es invocado, y oraren, y buscaren mi rostro, y se convirtieren de sus malos caminos; entonces yo oiré desde los cielos, y perdonaré sus pecados, y sanaré su tierra" (2 Cr. 7:14).

—Preguntas y respuestas: "¿Quién es este Rey de gloria? Jehová el fuerte y valiente" (Sal. 24:8).

▶ *Comparaciones y contrastes.* Por ejemplo: "Oísteis que fue dicho a los antiguos... pero yo os digo..." (Mt. 5:21).

▶ *Estilos literarios.* La Biblia es literatura, y los tres tipos principales de literatura bíblica son el discurso (las epístolas), la prosa (la historia del Antiguo Testamento) y la poesía (los Salmos). Es muy útil tener en cuenta la forma literaria a la hora de leer e interpretar las Escrituras.

▶ *Ambiente.* El autor tenía una razón o una carga particular para escribir cada pasaje, capítulo y libro. Asegúrate de captar el ánimo, el tono o la urgencia con la que escribió.

Después de considerar estos aspectos, estarás listo para plantear las preguntas clave:

¿Quién?   ¿Quiénes son las personas que menciona
este pasaje?

¿Qué?   ¿Qué sucede en este pasaje?

¿Dónde?   ¿Dónde tiene lugar esta historia?

¿Cuándo?   ¿En qué momento (del día, del año, de la
historia) sucede esto?

Formular estas cuatro preguntas clave puede ayudarte a
extraer los términos e identificar el ambiente. Las respuestas
también te ayudarán a usar tu imaginación para recrear la escena
que se describe en el pasaje.

Cuando te hagas estas preguntas e imagines el suceso, tal vez
surjan nuevas preguntas de tu propia iniciativa. Hacer esas preguntas adicionales para la comprensión facilitará la construcción
de un puente entre la observación (el primer paso) y la interpretación (el segundo paso) del proceso de estudio bíblico.

Interpretación

La interpretación es descubrir el significado de un pasaje, la
idea o el pensamiento principal del autor. Responder las preguntas que surgen durante la observación te ayudará en el proceso de
interpretar. Hay cinco pistas que pueden ayudarte a determinar
cuáles son los puntos principales del autor:

▶ *Contexto.* Cuando lees el texto, puedes responder el 75% de
tus preguntas acerca de un pasaje. Cuando se lee un pasaje,
se observa el contexto inmediato (el versículo anterior y
el siguiente) y el más amplio (el párrafo o el capítulo que
precede o sigue al pasaje que estudias).

▶ *Referencias cruzadas.* Deja que las Escrituras se interpreten
a sí mismas. Es decir, que otros pasajes bíblicos arrojen luz
sobre el pasaje que estudias. Al mismo tiempo, ten cuidado
de no dar por sentado que una misma palabra o frase significa lo mismo en dos pasajes diferentes.

▶ *Cultura.* Puesto que se escribió hace mucho tiempo, a la
hora de interpretar la Biblia, debemos entender el contexto
cultural del autor.

▶ *Conclusión.* Después de responder tus preguntas para comprender el pasaje a través del contexto, de las referencias cruzadas y de la cultura, puedes hacer una declaración preliminar acerca del significado del pasaje. Recuerda que si tu pasaje incluye más de un párrafo, tal vez el autor presente más de un pensamiento o idea.

▶ *Consulta.* Leer libros como comentarios y obras de eruditos bíblicos puede ayudarte a interpretar las Escrituras.

Aplicación

La aplicación es la razón por la cual estudiamos la Biblia: queremos que nuestra vida cambie, ser obedientes a Dios y ser cada vez más como Jesucristo. Después de haber observado un pasaje, y de haberlo interpretado o entendido lo mejor posible según nuestra capacidad, debemos aplicar su verdad a nuestra propia vida.

Será provechoso que te plantees las siguientes preguntas sobre cada pasaje de las Escrituras que estudias:

▶ ¿Cómo afecta mi relación con Dios la verdad revelada allí?

▶ ¿Cómo afecta esta verdad mi relación con otros?

▶ ¿Cómo me afecta a mí esta verdad?

▶ ¿Cómo afecta esta verdad mi respuesta al enemigo, Satanás?

El paso de la aplicación no termina simplemente respondiendo estas preguntas. La clave es *poner en práctica* lo que Dios te ha enseñado a través de tu estudio. Aunque en un determinado momento podrías no aplicar de manera consciente *todo* lo que has aprendido en el estudio bíblico, sí puedes aplicar *algo*. Y, como hemos visto, cuando te propones aplicar una verdad a tu vida, Dios bendice tus esfuerzos transformándote en la semejanza de Jesucristo.

Materiales bíblicos de utilidad

Concordancia: de las Sociedades Bíblicas Unidas o de Strong.
Diccionario bíblico: de Clie, de Caribe o de Holman.

El mundo que Jesús conoció, Anne Punton.
De qué trata la Biblia, Henrietta C. Mears.
Nuevo manual bíblico Unger, Merrill F. Unger.
Auxiliar bíblico Portavoz.
Nuevo manual de los usos y costumbres de los tiempos bíblicos,
Ralph Gower.

Libros sobre estudio bíblico:

Cómo leer la Biblia, libro por libro, Gordon Fee.
La lectura eficaz de la Biblia, Gordon Fee.
Cómo interpretar la Biblia uno mismo, Richard Mayhue.
Cómo entender e interpretar la Biblia, John Phillips.

Plan para leer la Biblia en un año

Génesis

- ☐ 1   1—3
- ☐ 2   4—7
- ☐ 3   8—11
- ☐ 4   12—15
- ☐ 5   16—18
- ☐ 6   19—22
- ☐ 7   23—27
- ☐ 8   28—30
- ☐ 9   31—34
- ☐ 10   35—38
- ☐ 11   39—41
- ☐ 12   42—44
- ☐ 13   45—47
- ☐ 14   48—50

Éxodo

- ☐ 15   1—4
- ☐ 16   5—7
- ☐ 17   8—11
- ☐ 18   12—14
- ☐ 19   15—18
- ☐ 20   19—21
- ☐ 21   22—24
- ☐ 22   25—28
- ☐ 23   29—31
- ☐ 24   32—34
- ☐ 25   35—37
- ☐ 26   38—40

Levítico

- ☐ 27   1—3
- ☐ 28   4—6
- ☐ 29   7—9
- ☐ 30   10—13
- ☐ 31   14—16

- ☐ 1   17—20
- ☐ 2   21—23
- ☐ 3   24—27

Números

- ☐ 4   1—2
- ☐ 5   3—4
- ☐ 6   5—6
- ☐ 7   7—8
- ☐ 8   9—10
- ☐ 9   11—13
- ☐ 10   14—15
- ☐ 11   16—17
- ☐ 12   18—19
- ☐ 13   20—21
- ☐ 14   22—23
- ☐ 15   24—26
- ☐ 16   27—29
- ☐ 17   30—32
- ☐ 18   33—36

Deuteronomio

- ☐ 19   1—2
- ☐ 20   3—4
- ☐ 21   5—7
- ☐ 22   8—10
- ☐ 23   11—13
- ☐ 24   14—16
- ☐ 25   17—20

❑ 26	21—23		❑ 29	27—29
❑ 27	24—26		❑ 30	30—31
❑ 28	27—28			

2 Samuel

❑ 31   1—3

Marzo

❑ 1	29—30
❑ 2	31—32
❑ 3	33—34

Abril

❑ 1	4—6
❑ 2	7—10
❑ 3	11—13
❑ 4	14—15
❑ 5	16—17
❑ 6	18—20
❑ 7	21—22
❑ 8	23—24

Josué

❑ 4	1—4
❑ 5	5—7
❑ 6	8—10
❑ 7	11—14
❑ 8	15—17
❑ 9	18—21
❑ 10	22—24

1 Reyes

❑ 9	1—2
❑ 10	3—5
❑ 11	6—7
❑ 12	8—9
❑ 13	10—12
❑ 14	13—15
❑ 15	16—18
❑ 16	19—20
❑ 17	21—22

Jueces

❑ 11	1—3
❑ 12	4—6
❑ 13	7—9
❑ 14	10—12
❑ 15	13—15
❑ 16	16—18
❑ 17	19—21

Rut

❑ 18   1—4

2 Reyes

❑ 18	1—3
❑ 19	4—6
❑ 20	7—8
❑ 21	9—11
❑ 22	12—14
❑ 23	15—17
❑ 24	18—19
❑ 25	20—22
❑ 26	23—25

1 Samuel

❑ 19	1—3
❑ 20	4—6
❑ 21	7—9
❑ 22	10—12
❑ 23	13—14
❑ 24	15—16
❑ 25	17—18
❑ 26	19—20
❑ 27	21—23
❑ 28	24—26

1 Crónicas

❑ 27	1—2
❑ 28	3—5

❏ 29   6—7
❏ 30   8—10

Mayo

❏ 1   11—13
❏ 2   14—16
❏ 3   17—19
❏ 4   20—22
❏ 5   23—25
❏ 6   26—27
❏ 7   28—29

2 Crónicas

❏ 8   1—4
❏ 9   5—7
❏ 10   8—10
❏ 11   11—14
❏ 12   15—18
❏ 13   19—21
❏ 14   22—25
❏ 15   26—28
❏ 16   29—31
❏ 17   32—33
❏ 18   34—36

Esdras

❏ 19   1—4
❏ 20   5—7
❏ 21   8—10

Nehemías

❏ 22   1—3
❏ 23   4—7
❏ 24   8—10
❏ 25   11—13

Ester

❏ 26   1—3
❏ 27   4—7
❏ 28   8—10

Job

❏ 29   1—4
❏ 30   5—8
❏ 31   9—12

Junio

❏ 1   13—16
❏ 2   17—20
❏ 3   21—24
❏ 4   25—30
❏ 5   31—34
❏ 6   35—38
❏ 7   39—42

Salmos

❏ 8   1—8
❏ 9   9—17
❏ 10   18—21
❏ 11   22—28
❏ 12   29—34
❏ 13   35—39
❏ 14   40—44
❏ 15   45—50
❏ 16   51—56
❏ 17   57—63
❏ 18   64—69
❏ 19   70—74
❏ 20   75—78
❏ 21   79—85
❏ 22   86—90
❏ 23   91—98
❏ 24   99—104
❏ 25   105—107
❏ 26   108—113
❏ 27   114—118
❏ 28   119
❏ 29   120—134
❏ 30   135—142

Julio

❏ 1   143—150

	Proverbios			**Jeremías**
❏ 2	1—3		❏ 3	1—3
❏ 3	4—7		❏ 4	4—6
❏ 4	8—11		❏ 5	7—9
❏ 5	12—15		❏ 6	10—12
❏ 6	16—18		❏ 7	13—15
❏ 7	19—21		❏ 8	16—19
❏ 8	22—24		❏ 9	20—22
❏ 9	25—28		❏ 10	23—25
❏ 10	29—31		❏ 11	26—29
			❏ 12	30—31
	Eclesiastés		❏ 13	32—34
❏ 11	1—4		❏ 14	35—37
❏ 12	5—8		❏ 15	38—40
❏ 13	9—12		❏ 16	41—44
			❏ 17	45—48
	Cantar de los		❏ 18	49—50
	cantares		❏ 19	51—52
❏ 14	1—4			
❏ 15	5—8			**Lamentaciones**
			❏ 20	1—2
	Isaías		❏ 21	3—5
❏ 16	1—4			
❏ 17	5—8			**Ezequiel**
❏ 18	9—12		❏ 22	1—4
❏ 19	13—15		❏ 23	5—8
❏ 20	16—20		❏ 24	9—12
❏ 21	21—24		❏ 25	13—15
❏ 22	25—28		❏ 26	16—17
❏ 23	29—32		❏ 27	18—20
❏ 24	33—36		❏ 28	21—23
❏ 25	37—40		❏ 29	24—26
❏ 26	41—43		❏ 30	27—29
❏ 27	44—46		❏ 31	30—31
❏ 28	47—49			
❏ 29	50—52			**Septiembre**
❏ 30	53—56			
❏ 31	57—60		❏ 1	32—33
			❏ 2	34—36
	Agosto		❏ 3	37—39
			❏ 4	40—42
❏ 1	61—63		❏ 5	43—45
❏ 2	64—66		❏ 6	46—48

Daniel

- ❏ 7   1—2
- ❏ 8   3—4
- ❏ 9   5—6
- ❏ 10   7—9
- ❏ 11   10—12

Oseas

- ❏ 12   1—4
- ❏ 13   5—9
- ❏ 14   10—14
- ❏ 15   **Joel**

Amós

- ❏ 16   1—4
- ❏ 17   5—9
- ❏ 18   **Abdías y Jonás**

Miqueas

- ❏ 19   1—4
- ❏ 20   5—7
- ❏ 21   **Nahum**
- ❏ 22   **Habacuc**
- ❏ 23   **Sofonías**
- ❏ 24   **Hageo**

Zacarías

- ❏ 25   1—4
- ❏ 26   5—9
- ❏ 27   10—14
- ❏ 28   **Malaquías**

Mateo

- ❏ 29   1—4
- ❏ 30   5—7

Octubre

- ❏ 1   8—9
- ❏ 2   10—11
- ❏ 3   12—13

- ❏ 4   14—16
- ❏ 5   17—18
- ❏ 6   19—20
- ❏ 7   21—22
- ❏ 8   23—24
- ❏ 9   25—26
- ❏ 10   27—28

Marcos

- ❏ 11   1—3
- ❏ 12   4—5
- ❏ 13   6—7
- ❏ 14   8—9
- ❏ 15   10—11
- ❏ 16   12—13
- ❏ 17   14
- ❏ 18   15—16

Lucas

- ❏ 19   1—2
- ❏ 20   3—4
- ❏ 21   5—6
- ❏ 22   7—8
- ❏ 23   9—10
- ❏ 24   11—12
- ❏ 25   13—14
- ❏ 26   15—16
- ❏ 27   17—18
- ❏ 28   19—20
- ❏ 29   21—22
- ❏ 30   23—24

Juan

- ❏ 31   1—3

Noviembre

- ❏ 1   4—5
- ❏ 2   6—7
- ❏ 3   8—9
- ❏ 4   10—11
- ❏ 5   12—13

❏ 6	14—16
❏ 7	17—19
❏ 8	20—21

Hechos

❏ 9	1—3
❏ 10	4—5
❏ 11	6—7
❏ 12	8—9
❏ 13	10—11
❏ 14	12—13
❏ 15	14—15
❏ 16	16—17
❏ 17	18—19
❏ 18	20—21
❏ 19	22—23
❏ 20	24—26
❏ 21	27—28

Romanos

❏ 22	1—3
❏ 23	4—6
❏ 24	7—9
❏ 25	10—12
❏ 26	13—14
❏ 27	15—16

1 Corintios

❏ 28	1—4
❏ 29	5—7
❏ 30	8—10

Diciembre

❏ 1	11—13
❏ 2	14—16

2 Corintios

❏ 3	1—4
❏ 4	5—9
❏ 5	10—13

Gálatas

❏ 6	1—3
❏ 7	4—6

Efesios

❏ 8	1—3
❏ 9	4—6
❏ 10	**Filipenses**
❏ 11	**Colosenses**
❏ 12	**1 Tesalonicenses**
❏ 13	**2 Tesalonicenses**
❏ 14	**1 Timoteo**
❏ 15	**2 Timoteo**
❏ 16	**Tito y Filemón**

Hebreos

❏ 17	1—4
❏ 18	5—8
❏ 19	9—10
❏ 20	11—13
❏ 21	**Santiago**
❏ 22	**1 Pedro**
❏ 23	**2 Pedro**
❏ 24	**1 Juan**
❏ 25	**2, 3 Juan, Judas**

Apocalipsis

❏ 26	1—3
❏ 27	4—8
❏ 28	9—12
❏ 29	13—16
❏ 30	17—19
❏ 31	20—22

EDITORIAL
PORTAVOZ

NUESTRA VISIÓN

Maximizar el efecto de recursos cristianos de calidad que transforman vidas.

NUESTRA MISIÓN

Desarrollar y distribuir productos de calidad —con integridad y excelencia—, desde una perspectiva bíblica y confiable, que animen a las personas a conocer y servir a Jesucristo.

NUESTROS VALORES

Nuestros valores se encuentran fundamentados en la Biblia, fuente de toda verdad para hoy y para siempre. Nosotros ponemos en práctica estas verdades bíblicas como fundamento para las decisiones, normas y productos de nuestra compañía.

Valoramos la excelencia y la calidad
Valoramos la integridad y la confianza
Valoramos el mérito y la dignidad de los individuos
y las relaciones
Valoramos el servicio
Valoramos la administración de los recursos

Para más información acerca de nuestra editorial y los productos que publicamos visite nuestra página en la red: www.portavoz.com